過労死110番

働かせ方を問い続けて30年

JN195959

森岡 孝二、大阪過労死問題連絡会 編

岩波ブックレット No. 1009

はじめに——過労死のない社会を目指して

このブックレットを手にされた方は、「過労死・過労自殺」という言葉を聞いて、どのようなイメージを持っておられるでしょうか。「働き過ぎで人が死ぬなんて、よく分からない」「仕事が大変だといって自殺するぐらいなら、仕事をやめたらよいのに」——過労死という事象に縁遠い方はそういったことを思われるかもしれません。他方で、自分ももう少しのところで働き過ぎで死んでしまっていたかもしれない、自分も働き過ぎで身体面、あるいはメンタル面での健康を失った、なかには、大切な家族を働き過ぎで亡くされた方もいるかもしれません。

「過労死」という言葉は昔からあったわけではありません。また、世界中のどこでも見られる社会問題でもありません。残念ながら、「過労死」は日本で生まれ、現代用語として社会的に認知され始めた一九八〇年代後半から三〇年以上を経過するなか、この事象は今もなお、現代日本社会の負の側面を大きく映し出す社会問題としてはびこっています。

一九八八年四月に大阪で初めて実施された、弁護士による過労死に関する無料相談「過労死110番」は、過労死した当事者やその遺族の救済に向けた大きな取り組みとなってきました。このブックレットは、二〇一八年四月一三日に大阪過労死問題連絡会が行った「過労死110番三〇周年シンポジウム」の内容を一部加筆してまとめたものです。

シンポジウムは、(1)大阪過労死問題連絡会の森岡孝二会長(当時)による冒頭の挨拶、(2)過労死110番活動に当初からかかわってきた松丸正弁護士による基調報告、(3)過労死110番が開始された当時に制作されたNHKのドキュメンタリー番組『過労死――妻は告発する』のディレクターの織田柳太郎氏による講演、(4)三人の過労死・過労自殺遺族の報告、そして、岩城穣弁護士の司会によるこの三人の遺族のリレートークで構成されています。

過労死遺族が中心となって立法に向けて活動した結果、二〇一四年六月に過労死等防止対策推進法(略称「過労死防止法」)が、衆参両院の全会一致で可決され、その後、啓発事業等が進められています。しかし、脳・心臓疾患に関する労災請求件数はここ数年、年に八〇〇件を超え、精神障害に係る労災請求にいたっては、二〇一五年度以降一五〇〇件を超えており、二〇一七年度は一七三二件、二〇一八年度は一八二〇件と増加する一途をたどっています。このように、過労死・過労自殺が減る兆しの見えないなか、今、改めて過労死をなくすために、どういった取り組みが真に必要となるのか。そのことを考える出発点として、この救済の歩みと現在の到達点を理解する必要があると考え、ブックレットの発刊に至ったものです。

このブックレットを通じて、これまで以上に多くの人々に過労死問題を知っていただき、これをなくすことが、被災労働者(略称「被災者」)・その家族のためだけでなく、日本社会全体をよりよくするための共通の課題であることを理解してもらえるよう願っています。

＊「過労自殺」ではなく「過労自死」という表現が適切ではないかとの意見が一部にあるが、本書では、一般的な用語である「過労自殺」という表記も用いている。

過労死の現状と「働き方改革」の行方

森岡孝二

「働き方改革」関連法案の審議入りと強行採決

安倍晋三政権は、二〇一八年四月六日、「働き方改革」関連法案（略称「法案」）を閣議決定し、国会に提出しました。政府・与党はこれを今国会の最重要課題と位置づけ、早期の成立を目指すと言われています（その後、この法案は可決・成立し、二〇一九年四月から施行された）。

法案は、労働基準法など八つの労働法規の改定を一つに束ねた形になっていますが、①企画業務型裁量労働制（略称「裁量労働制」）の営業職への拡大、②「高度プロフェッショナル制度」（略称「高プロ制」）の創設、③時間外労働の上限規制の三つを主な内容とする労働時間制度改革が大きな柱となっています。私たちはこれに対して、過労死の防止に取り組む民間団体の立場から、これまで再三にわたって過労死防止の流れに逆行するものとして批判してきましたが、今般、あらためて以下のような理由で法案の審議入りと強行採決に反対を表明します。

第一は、法案の上程と審議入りの前提に関する疑問です。

労働時間制度改革は、当初はまず、①の裁量労働制の拡大案は、政府が、労働時間は一般の労働者より裁量労働制の労働者のほうが短いという虚偽のデータを前提に提案したことが明らかになり、野党と全国過労死を考える家族の会（略称「家族の会」）などの強い反対で法案から削除されました。しかし、問題はデータをめぐる疑義だけにとどまりません。報道によれば、裁量労働制をめぐっては二〇一七年一年間で、二七二事業所が是正勧告や指導を受けています。また、野村不動産で裁量労働制を違法適用されていた男性社員が過労自殺し、労災認定されたと報じられている件では、東京労働局長の不遜で不適切な発言[1]も問題になっています。労働行政をめぐってこうした状況がある下では、労働時間制度改革は拙速に事を運ぶことなく、正確な実態把握にもとづいて、働く者の命と健康を守る立場から慎重に進めるべきです。

(1)野村不動産が全社的に裁量労働制の違法適用をしていたとして、東京労働局が二〇一七年一二月二五日に野村不動産に対して特別指導を行ったことについて、東京労働局の勝田智明局長(当時)が二〇一八年三月三〇日の定例記者会見で、その経緯(裁量労働制の適用を受けていた同社社員の過労自殺が、同日付けで労災認定されていた)や根拠規定について質問した新聞・テレビ各社の記者団に対し、「なんなら、皆さんのところ(に)行って是正勧告してあげてもいいんだけど」と述べたとされること。

第二は、高プロ制の危険性です。

この制度は、年収一〇七五万円以上の高度な専門業務に従事する労働者を労働時間の規制から外し、無制限に働かせることを可能にするもので、「定額働かせ放題」法案、あるいは「スーパー裁量労働制」法案とも言われています。第一次安倍内閣のときに「残業ただ働き法案」「過労死促進法案」として世論の猛反発を受け、二〇〇七年一月に国会提出が見送られたホワイトカラー・エグゼンプション法案の焼き直しにほかなりません。現在示されている案では、対象は年収の高い労働者に限られていますが、年収が一〇〇〇万円以上の高賃金労働者は四〇歳代に多いと考えられ、この階層は過労死の多い年齢層とぴったり重なっているうえ、労働者派遣法の例から見て、いったん通ればたちまち対象が広げられることは必定です。そして、厚生労働省の労災補償状況に関する資料によると、専門的・技術的職業従事者と管理的職業従事者を合わせた高度専門業務従事者では、過労死が多発しています。

第三は、政府案における時間外労働の上限規制の欺瞞《ぎまん》性です。

政府案は、三六協定による残業の上限を原則として月四五時間・年三六〇時間としたうえで、臨時的な特別の事情がある場合は、「特別条項付き三六協定」[2]を締結することによって、単月一〇〇時間未満、複数月八〇時間以内、一年七二〇（別枠の休日労働を含めれば九六〇）時間以内の残業を法律で認めるものとなっています。しかし、厚労省の労災補償データを見ると、近年の脳・心臓疾患の労災認定件数の半数以上は月一〇〇時間未満の残業で起きています。また、厚労省の調査によれば、特別条項付き三六協定の九割は延長の上限を月一〇〇時間未満にしており、月平均の延長時間は七八時間になっています。それだけに、「一〇〇時間未満」の上限設定は、特別条項付き三六協定を締結している企業の大部分において、延長時間の引き上げを誘発する恐れが大きいと考えられ、この法案が成立すると、過労死をかえって多発させることが危惧されます。

（2）三六協定で「週一五時間・月四五時間」といった時間外労働の上限を定めた場合でも、なお「臨時的な特別の事情」があれば、残業の上限を延長できることを合意した三六協定のこと。

第四に、この法案は法定労働時間をいっそう形骸化します。

政府の言う上限規制は、一日八時間、一週四〇時間の法定労働時間を超える残業の限度については棚上げしています。政府案によれば、一日一五時間の残業も、一週九九時間の残業も、合計の残業時間が月一〇〇時間未満の範囲内であれば違法ではないということになります。月一〇〇時間の残業は、週五日×月四週で換算すると、一日平均五時間の残業を意味します。こういう制度を法律で定めることは、大本の法定労働時間をいっそう掘り崩し、労働時間の直接規制に大穴をあけることに通じています。主要なマスコミは、裁量労働制と高プロ制については厳しい批判的論調を一方で見せながら、この時間外労働規制については不十分ではあるが上限規制があるから評価ができるという見方をしています。そういう見方は非常に問題です。

労働基準法による労働時間の規制を強化するには、一日八時間、一週四〇時間の法定労働時間を基本として、現行の三六協定による時間外労働の限度に関する基準（週一五時間、月四五時間、年三六〇時間）を労基法に明記して、強制力を持たせることが求められています。その場合、「臨時的な特別の事情」を理由とする三六協定の特別条項は廃止するべきです。

過労死防止のために今必要なこと

二〇一四年六月、「家族の会」や「過労死弁護団全国連絡会議」などの熱心な運動が実って、議員立法により「過労死等防止対策推進法」が全会一致で成立し、同年一一月に施行されました。同時に、過労死等防止対策推進協議会がスタートし、そこでの意見が取り入れられた過労死防止対策に関する「大綱」が二〇一五年七月に閣議決定され、過労死等の実態の調査研究、過労死防止の啓発、相談体制の整備、民間団体への支援などが行われてきました。

施行から三年以上経ち、法と大綱の見直し作業が始まっています。私たちは、①同法を過重労働対策法へ拡充すること、②パワハラ防止を盛り込むこと、③使用者および労働組合の責務を明確にすること、④EU(欧州連合)並みの連続した最低一一時間以上のインターバル休息制度[3]を導入すること、⑤企業に労働時間の厳格な把握を義務づけること、などを盛り込んだ法と大綱の改定を求めています(二〇一八年七月、新しい大綱が閣議決定された)。私たちはこうした改革こそが「過労死のないまともな働き方」を実現する道だと考えます。

(3)前の勤務の終了時刻から次の勤務の開始時刻までの間、一定の休息時間を確保する制度。「勤務間インターバル制度」とも言われる。EU指令では、勤務間インターバルを連続一一時間以上確保することを義務づけている。

韓国では時間外労働規制が大きく前進

韓国についてふれておきますと、韓国と日本では、もしかしたら皆さんは韓国のほうがひどい働き方だと思われているかもしれませんが、これは二重に間違いです。韓国の労働基準法にあたる勤労基準法では、週労働時間は四〇時間ですが、従来、週六八時間までは合法的に働かせることができました。逆に言えば六八時間以上は一応、働かせられないという制度になっていたということです。

日本は一日八時間、週四〇時間の規定が一応ありますが、これは三六協定を結べば無制限に延長できることから、一九九八年、労働大臣告示で延長限度時間に関する基準が導入されました。ただこれには特例条項というのがあって、それを結べば特別臨時のやむを得ない事情がある場合ということで、いくらでも働かされる。しかも建設、運送、新商品・新製品の研究開発等については適用除外されています。このように日本は現行では無制限なのです。

韓国は六八時間という制限があったところに、新しい文在寅《ムンジェイン》大統領になり、大きく取り組みが前進し、週五二時間勤務制が導入されることになりました。これは四〇時間に対して週一二時間の時間外の延長のみを認めるもので、日本と比較して非常に厳しい規制です。しかも前日の勤務から翌日の勤務まで最低一一時間のインターバル休息を義務づけています。これもEU並みのしっかりしたインターバル休息制度であり、今、日本で導入が推進されている制度は、これと比べるとまがい物と言えます(4)。韓国のこの制度はまだ中小企業に対する猶予措置と特例措置があり、その点では大きな弱点があるとされていますが、日本に比べると、週五二時間という枠が決められたという点では、日本の時間外労働制と比べると大きな差があります。

(4)二〇一九年四月から、勤務間インターバル制度の導入を促進することとされたが、①休息時間数に特に制限が設けられておらず、また、②使用者の義務ではなく補助金交付などによる政策的誘導にとどまっている。

過労死が死語になるまで

私が二〇一五年に書いた『雇用身分社会』(岩波新書)という本が、翻訳され韓国で出版されていますが、一三年前の二〇〇五年に書いた『働きすぎの時代』(同右)という本が、なぜか後追いで同じ訳者によって韓国で翻訳されて出版されることになりました。ただ、今日、『働きすぎの時代』では韓国ではインパクトがないので、こういうタイトルでどうでしょうか、という問い合わせがありました。それは「死ぬまで働く社会」と。実際、日本の社会は昔から現在に至るまで、死ぬまで働く社会です。このような社会が続く限り過労死はなくならない。残念ながらまだまだ「過労死」が死語になる時代は遠いと言えます。

そういうなかで三〇周年を迎えようとしている。しかし、政治情勢は一寸先は闇のような状況になっています。そのあたりも見据えながら、今後、過労死問題連絡会としても発言をしていきたいと思います。

（大阪過労死問題連絡会会長）

本ブックレット発行の発案者である、当会の会長であった森岡孝二先生は二〇一八年八月一日に急逝しました。亡くなる当日も、本書の執筆を担当した織田さん、寺西さんらに「なんとか実現をしたい」とブックレット発行に向けての強い思いが表れたメールを送っていました。折から国会で審議されていた働き方改革関連法案（その後可決・成立）の内容は過労死防止の流れに逆行するという、切実な危機感が森岡先生を突き動かしていたように思われます。

亡くなる直前まで森岡先生が手がけたこのブックレットの発行は、森岡先生から我々に託された、いわば森岡先生からの遺言だと受け止めて作業を進めてきました。以上のような経過のため、森岡先生の担当箇所は、「過労死１１０番 三〇周年シンポジウム」における挨拶の内容を当会において編集させていただいたことを、ご了承下さい。

過労死１１０番の三〇年

松丸　正

認定の困難な時代

二〇一八年は「過労死１１０番」が始まり三〇周年を迎えます。大阪について過労死の問題を語るとき、過労死１１０番が始まった一九八八年以前にその前史と言われる時代がありました。

一九八一年七月、大阪で過労死問題に取り組む「「急性死」等労災認定連絡会」が結成されています。当時、過労死の問題は弁護士中心に取り組まれていたのではなく、亡くなられた田尻俊一郎医師が一人で、労働組合や遺族の方から寄せられる相談を引き受けていました。そして、医師意見書を書き、労働基準監督署を説得して、この連絡会が発足する前後に十数件の過労死の業務上認定を得る成果をあげていました。当時、心臓疾患の過労死認定が出ることは、一〇〇件申請し、そのうちのせいぜい五件が認定されるかどうかというところで、認定率が一〇％にも達しない、「ラクダが針の穴を通る」ほど困難な状況でした。

現在は、発症前六か月間の長時間労働を評価する基準がありますが、当時は、発症前に異常な災害的な出来事がなければ認定されないという時代でした。たとえば、工場が火事になり重い消火器を持ち消火活動にあたっている、そういう災害事態のなかで心筋梗塞や脳内出血を発症したという、労働災害に値するような異常な出来事が認められない限り認定されなかったのです。

また、くも膜下出血は、今は当たり前に認定の対象になっていますが、「くも膜下出血は寝ているときだって発症する、トイレに行ったときが一番発症しやすい、だから仕事と関係ない」というのが医学界の定説でした。そういうものを打ち破った医師が大阪では前述の田尻俊一郎医師だったわけですが、認定を勝ち取ってくるまでには苦難の道がありました。

一九八一年七月の「「急性死」等労災認定連絡会」が発足した当時は、過労死という言葉は社会的にはまだ定着していなかったため、連絡会では「急性死」という言葉を使いました。また、労災の認定がとれるかとれないかとの時代であったので「労災認定連絡会」としました。

被災者・遺族救済の受け皿として

一九八一年当時、医師・弁護士に加えてすでに労働組合でも、「急性死」の問題に取り組んでおり、連絡会の結成総会には組合の関係者も二〇人程度加わり、全体では七〇人程度が参加していました。

ポツポツと点在した取り組みであり、そしてそれを支援する団体が、過労死認定に向けてあるかなきかの道を切り拓いている時代でした。しかし、この連絡会をつくったときの会の目標のなかに、職場の労働環境の改善、過労死を予防する視点がすでに位置づけられていたことは注目されます。

結成から一年後に連絡会が会の意義をまとめ、「医学面、法律面、運動面でのそれぞれの立場を総合した過労死認定に取り組むシンクタンクが確立され、被災者救済の受け皿が全国に先駆けて大阪にできた」という位置づけをしました。

一九八二年六月、『過労死――脳・心臓系疾病の業務上認定と予防』という本を医師ら（田尻俊一郎・細川汀・上畑鉄之丞）が出版したことを機に「過労死問題連絡会」という名前に変えたのです。

四〇年間欠かすことのなかった例会

とはいうものの、連絡会には、年に数件、ご遺族の方がほそぼそと相談に来るだけでした。そして、業務上認定を受けることができるのも年に一件あるかないか。その当時は一件でも認定をとることはとても難しかった時代でした。

連絡会は八一年の発足以降、毎月一回の例会を開き、今も続いています。この四〇年近い長きの間、一回も例会を欠かしたことがないということは、会としての誇りです。

しかし、相談者も少ない、この問題に取り組む運動も進まない、そういうなかでこの問題は労働現場で働いている人たちの一般的・普遍的問題ではなく個別・特殊な問題ではないのだろうか、高血圧、糖尿病など基礎疾病をもっている一部の労働者、あるいは夜勤交代勤務などの特殊な労働環境で働く人の問題ではないのだろうかと、何度も自問自答していたことを覚えています。

当時、田尻医師が会長、私が事務局長を務めていましたが、田尻先生に愚痴交じりにこの疑問を話したとき、先生は「焦らずにぼちぼちいこうや。過労死の被災者の駆け込み寺であればいいんだから」と慰めるように言葉を返してくれ、その思いで月一回の連絡会をつないできました。

過労死110番

過労死問題が労働現場の一般性・普遍性をもつ問題かどうか、それを社会に問いかけたのは、一九八八年四月、全国に先駆けて大阪だけで行った「過労死110番」でした。

その前年、過労死の認定基準が、異常な出来事しか認定しない災害主義の考え方から、発症前一週間の過重性も評価の対象にしましょうというものに変わりました。それまでは労働基準監督署に行っても「過労で人が死ぬはずがない」とバカにされていましたが、ようやく災害主義のほころびが見え始めて、一週間だけですが過重性を評価することになったのです。

社会という池に石を投げてもドボーンと石が沈むだけで波紋が広がらなければ、それは特殊・個別な問題に過ぎなかったということなのだ、しかし、ひょっとしたら大きな波紋が広がるかもしれない、という思いでこの過労死110番に取り組みました。

一〇時の受付時間と同時に真っ先にかかってきたのが平岡チエ子さんからの相談で、必死の思いが電話口からも伝わってきました。平岡さんは、大手ベアリング工場の班長だった四八歳のご主人が過労死したことに関してのご相談でした。その後も過労死で大切な人を失った遺族からの電話が鳴り続けました。

この全国に先駆けての大阪での過労死110番の大きな反響には、この問題に取り組んできた連絡会の弁護士や医療関係者の方が驚かされました。そして、これを大阪だけに留めてはいけないということで全国の弁護士等に呼びかけたのです。その結果、八八年六月に全国一斉の過労死110番が始まり、このたび三〇周年を迎えました。

働き盛りの年代の夫の過労死

一九八八年四月の大阪独自の過労死１１０番では、一八件の相談が寄せられました。そのうち一四件は妻からで、四〇代、五〇代の働き盛りの夫の過労死の相談でした。当時は、過労死の問題というと、四〇代、五〇代の男性の過労死の問題に、まだ限定されていた時代でした。

そういうなかで大阪では、平岡チエ子さんが過労死の労災認定を得た後、ご主人の勤務先であった当時の椿本精工（現ツバキ・ナカシマ）と損害賠償の裁判をたたかい、その責任をほぼ全面的に認めさせ、会社に謝罪をさせる和解が成立しました。企業賠償責任の問題についても大阪は最初の道を歩み始めた地です。

連絡会は当初から過労死遺族の救済だけではなく、この問題を社会的な問題として広めていくために、シンポジウムや過労死を題材にした劇の上映運動など、文化的な取り組みも行ってきました。

精神障害・自殺の認定基準

過労死１１０番の運動を見たときに、その次のステップ、すなわち脳・心臓疾患の過労死に留まらず、職場の過労等から生じる精神障害・自殺への取り組みに踏み出す歩みが始まりました。それを大きく導いた一つは、一九九九年に精神障害・自殺の旧認定基準（判断指針）が定められたことでした。

それまで、自殺の事案について行政は「自殺は、自らの意思によって亡くなったのだから、故意による事故として補償の対象にしていない」としていました。現に労働者災害補償保険法には「故意による事故は補償せず」といった内容が書いてあります。

それを遺族が裁判で争うなかで、「精神障害を発病した方が、自分の意思で亡くなっているのではない。正常な認識とか、行為選択能力が著しく阻害されているなかで行っているのだから、本人の意思とは違う。その病気にさせた仕事、長時間労働や上司のパワハラこそが原因なのだ」という判断基準を労働省(当時)が定めたのが九九年のことでした。

最高裁、電通青年過労自殺事件判決の衝撃

その翌年の二〇〇〇年には、最高裁判所の電通青年過労自殺判決が下されました。これは最近に生じてしまった、同じく電通の社員だった高橋まつりさんの事件の前に、大嶋一郎さんが大手広告代理店の電通入社二年目にして、長時間労働や上司からの「靴に入れたビールを飲め」というようなパワハラ行為の下、自殺した事件です。

この事件について、最高裁判所が、長時間労働等過重な業務により、疲労や心理的負荷が過度に蓄積すると心身の健康を損ねることは周知のところである、使用者は心身の危険が生じないようにそれを未然に防止する義務があるという、被災者遺族の側の全面的な勝訴判決を下しました。このときはまだ、脳・心臓疾患のいわゆる過労死についても、使用者に損害賠償の責任を認める判決は定着していない時代でした。

長期間の過重業務を評価する認定基準への改正

一九九九年に精神障害自殺の認定基準ができ、そして二〇〇〇年に電通過労自殺の最高裁判決が下されました。そしてさらに翌年の二〇〇一年、脳・心臓疾患の過労死について、発症前おおむね六か月間の長期間の過重な業務も評価の対象にするという、現行の認定基準ができたのです。この認定基準は、決して、行政が自発的につくったものではありません。長期間の過重な業務により過労死が生まれてくるのだという思い、それが行政では認められないという状況の下で遺族が裁判を次々に起こし、過労死の労災認定を求めていった結果です。そのなかで、地方裁判所、高等裁判所、そして最高裁判所も、長期間の過重な業務が過労死を生み出すという考え方を定着させていきました。未だ不充分な点はあるものの、自らが勝ち取っていった認定基準なのです。

遺族や被災者は、裁判をする前に、すでに行政で三段階で負けているのです。労働基準監督署で労災と認められないと、労働局の審査官に不服申立（審査請求）ができます。そこで棄却されると、中央の労働保険審査会に再度不服申立（再審査請求）できます。この行政での三段階の手続で、いずれも業務上と認められず、三連敗しても裁判を起こし、勝訴を積み重ねるなかで行政の認定基準を変えてきたのです。遺族や、遺族を支援する人たちの運動が、「異常な出来事」「一週間」そして「六か月」と認定基準を改正させ、その救済の道を広げてきたわけです。二〇一八年に可決された「働き方改革法」によって、労働基準法に労働時間の上限として、現在の過労死ラインが限度として定められました。このことが、遺族らが訴訟等を通じて更なる救済の道を広げてい

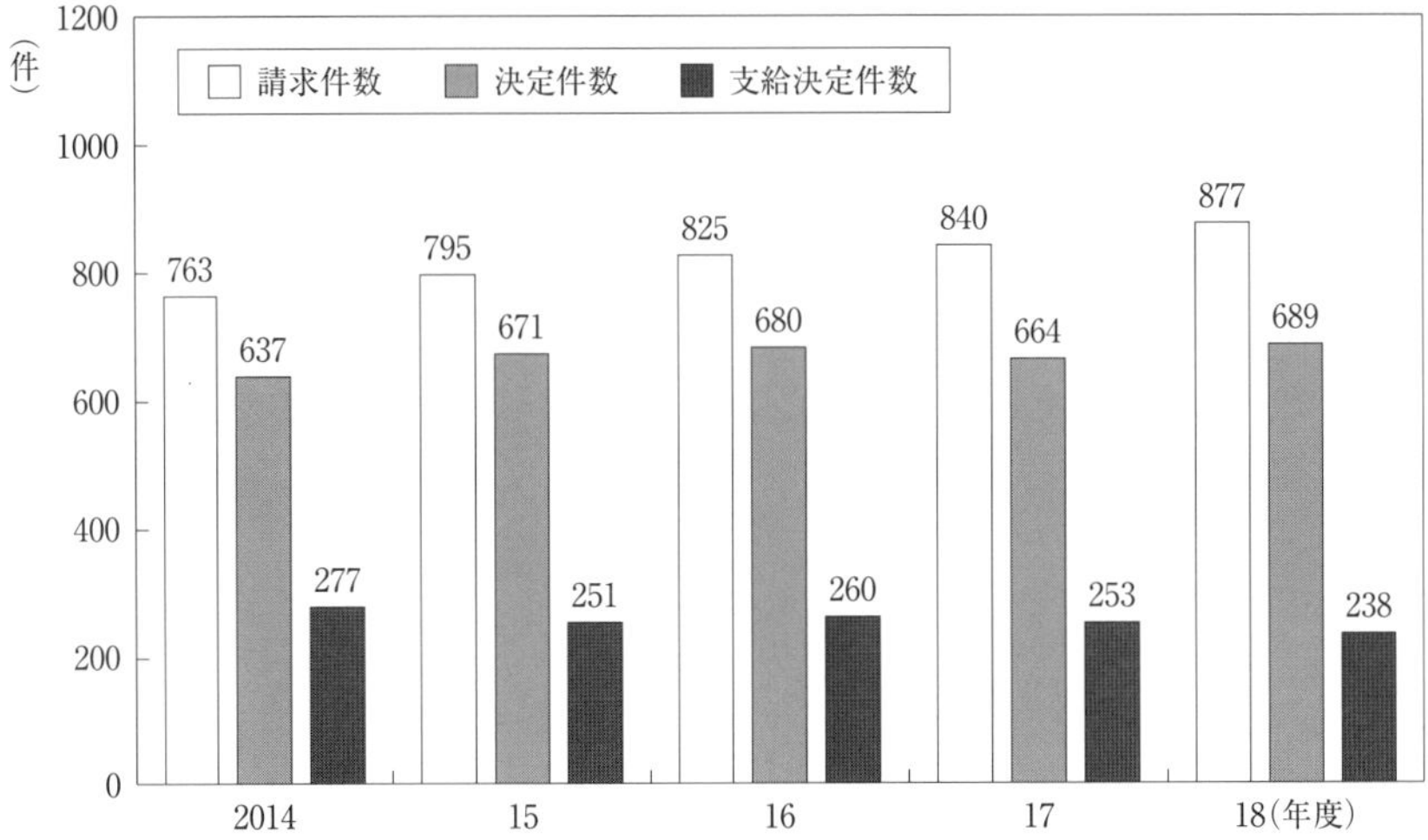

（資料）厚生労働省ホームページより

図 1　脳・心臓疾患の請求，決定及び支給決定件数の推移

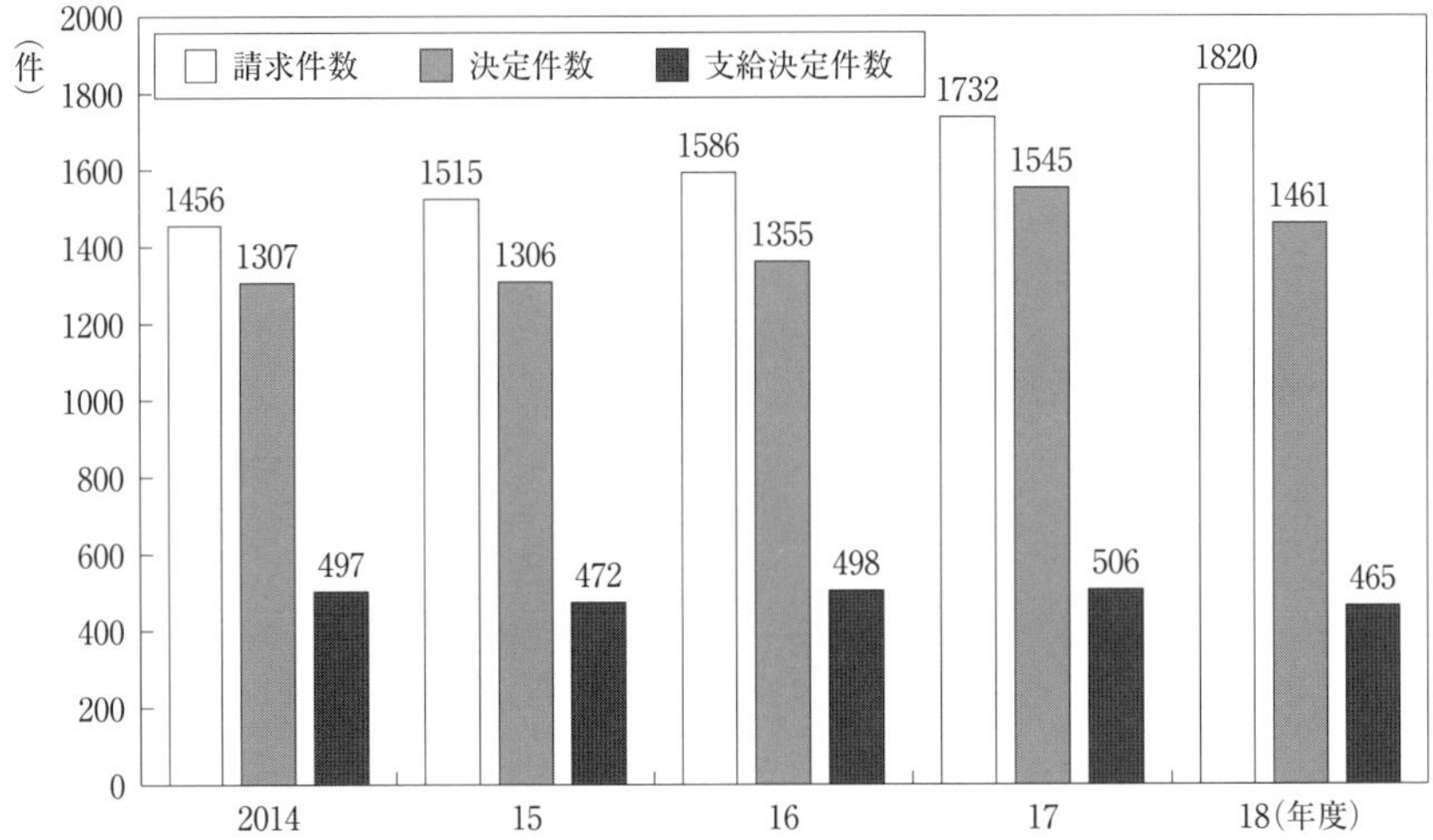

（資料）図 1 に同じ

図 2　精神疾患の請求，決定及び支給決定件数の推移

くことへの壁になってはいけません。精神障害・自殺の判断基準についても同様です。

私が調べたところでは、脳と心臓疾患の過労死については、二〇〇一年から〇八年まで、約五九件裁判の判決が出ています。そのうち二四件で国が敗訴し、遺族が勝訴して、業務上の労災として認定された割合は四〇％に達しています。行政段階で三連敗した後での国を相手の行政訴訟で半分近い比率で勝つということは異例です。

国を相手に裁判を起こした場合には、行政側の優秀な代理人が向こうにずらりと並びます。国は、国が定めた基準を守るという体制で、裁判に臨んできます。その壁をやぶることは困難であり、ほとんどの行政訴訟は負けています。そのなかで「過労死・過労自殺」の裁判については、行政訴訟にもかかわらず決して負けていなかったのです。

情報公開訴訟での勝訴

大阪過労死問題連絡会では、過労死遺族らの救済とともに、過労死防止の取り組みを進めてきました。それまで、労働基準法は、労働者の人たるに値する生活を確保する最低限度の労働条件を定めた「労働者保護法」であり、労働者の心身の健康を守る岩盤規制と考えていました。しかし、過労死が生まれてくる背景には三六協定の特別条項に問題があるのではないかと考えたのです。つまり、労基法の労働時間規制の岩盤が崩れ落ち、あるいは液状化している。

過労死の認定基準では、発症前一か月であれば、おおむね一〇〇時間、二か月ないし六か月間のいずれかの期間で月平均約八〇時間を超える時間外労働が認められれば、原則として過労死として認定されます。しかし、その過労死ラインである月八〇時間、月一〇〇時間を超える時間外労働を認めている三六協定はたくさんあります。

三六協定をきちんと開示させ、それを社会的に批判することが大事だということで、連絡会では三六協定の情報公開訴訟を大阪地裁に提訴し、二〇〇五年に勝訴した結果、情報公開をさせることができました。当時、日本経団連会長・副会長の出身企業一八社中、一六社までが過労死ラインを超えた三六協定をもっていたことを知りました。また、大阪の上場企業本社の三六協定を調べましたら、ほぼ半数で月八〇時間という過労死ラインを超えた三六協定がありました。

三六協定というのは、使用者と労働組合の合意の下で締結されています。今まで秘密裏にされていた三六協定を公開させることにより、労使合意の下で職場の長時間労働が容認されている実態を明らかにしました。

「家族の会」を中心とした取り組み

さらに、「全国過労死を考える家族の会」の代表の寺西笑子《えみこ》さんが原告になって、過労死を起こした企業名を公表させ、それによって二度と過労死を起こさせないようにするために、情報公開訴訟を提訴し、一審の大阪地裁では勝ちました。残念ながら高裁、最高裁では負けましたが、それが過労死等防止対策推進法の運動につながってきています。

過労死110番の第三期というのは、過労死等防止対策推進法への道です。労災の認定、企業賠償責任を進めることで、遺族・被災者の救済を進める。一方で「ノーモア過労死」、もう二度とこの悲しみを繰り返さないとの思いで、遺族・被災者らが立ち上がって進めてきたのが、過労死等防止対策推進法です。これは家族の会が大きな力を発揮して国会で全会一致の下に二〇一四年六月に成立させることができました。

連絡会で、立法の経験がないなか、どのような法案にしようかとみんなで頭を寄せ合い、考えたことをほんの少し前のことのように思い出します。

社会運動としての過労死１１０番

過労死１１０番は、遺族らの救済の「駆け込み寺」として始まり、そのなかで過労死を防止し、労働者の立場から働き方を変革する社会運動として発展してきました。

その三〇年を振り返って、全国で取り組まれた１１０番運動とはなんだったのか、そして、過労死１１０番がなかったらどうだったのかを考えています。

過労死１１０番とそこから広まった運動がなかったら、現在、「働き方改革」で言われている、柔軟で、そして多様な働き方、要するに労働基準法の枠を外し、液状化した働き方、効率的な働き方がもっと社会のなかに蔓延してしまっていたと思います。

労働基準法の第一条は、「人たるに値する生活を営むための必要を充たすべき」労働条件と定めています。「人たるに値する」とは、人の命と健康が奪われさえしなければいいというわけではありません。家庭があります、そして、文化的な生活も必要です、人生の目標もあります。そういう人としての当たり前の生活を営むことができる、それを実現するのが労働基準法の理念であったと思います。その理念の下で１１０番運動を続けてきました。それがなければ労働基準法を無視されたような「働き方改革」でいうところの多様な働き方、柔軟な働き方、長時間労働を規制する力がないままに、過労死や過労自殺がもっと生まれていたかもしれません。

遺族らの取り組みを職場、そして社会全体の課題に

過労死１１０番のやってきた運動というのは、本来は職場のなかで実現されるべき問題です。労働者、そして労働組合自身がしっかりとこの問題に取り組むことが必要なのです。三六協定の時間外・休日労働の上限規制が定められましたが、現行では過労死ラインが上限となっています。過労死を生み出すおそれのある三六協定を締結しない。労働時間について適正に把握し、長時間労働が生まれたら、それを是正する社内システムをつくることが不可欠です。過労死１１０番運動、とりわけその当事者である遺族らは、失った大切な人の過労死という事実の重みをもって、その課題の多くを引き受けてきました。

本来は職場のなかで解決されるべき課題を、遺族らが引き受けてきたというところにこの社会の大きな歪みとも言える問題があると思います。現在、１１０番運動への期待がさらに重いものになっているのは「人たるに値する」労働時間という課題から考えると残念と言わざるを得ません。しかし、これからも１１０番運動を進め、過労死がなくなるように、人たるに値する労働者の労働条件が確立できるよう力をつくしていきましょう。

（弁護士・過労死弁護団全国連絡会議代表幹事）

取材を通して考える

織田柳太郎

はじめに

今回のシンポジウムを前に久しぶりに私が三〇年前に制作したドキュメンタリー番組『過労死——妻は告発する』を見たのですが、途中で涙が止まらなくなってしまいました。自分の作った番組を見て、自分で泣いているようでは様になりません。

番組名　ドキュメンタリー'89『過労死——妻は告発する』
放送　ＮＨＫ総合　一九八九年六月七日　夜一〇時～一〇時四五分
内容　夫が突然亡くなったり病に倒れたのは過密過重な労働によるものだとして、立ち上がった三人の妻の思いとその闘いを描いている。

私は社会問題を中心に多くのドキュメンタリー番組を制作してきましたが、この番組は登場される方々の悲しみがとりわけ身にしみるものでした。なぜなのか、そのこともお話ししたいと思います。

自己紹介させて頂きます。

京都の育ちで少年の頃は弁護士か新聞記者になりたいなどと思っていましたが、社会派の映画に関心があり、ＮＨＫに入局し主に社会問題を対象にドキュメンタリー番組の制作に携わってきました。

私が過労死問題の取材を始めたのはＮＨＫ大阪放送局スペシャル番組部に勤務していた時期です。一九八八年、「過労死１１０番」が全国に先駆けて大阪で初めて設けられた時期と重なります。私は過労死の問題を長く取材し、情報番組などで度々、報道しました。そしてその総括として制作したのがドキュメンタリー'89『過労死――妻は告発する』という全国放送の番組です。

今はなくなりましたが「ドキュメンタリー'00」というシリーズは制作者の思いを重視した番組でした。私が過労死問題を大阪で取材していた頃は、人が過重な労働が原因で亡くなるということがまだ受け入れられず、「過労死」という言葉も認知されていませんでした。「過労死」という言葉がたまにニュースに出てきても「いわゆる過労死」という言い方でしたし、新聞などでもカギ括弧が付いていました。

私はこのドキュメンタリーのタイトルを『過労死――妻は告発する』としました。カギ括弧なしで過労死という言葉がＮＨＫで使われたのはこの番組が初めてです。サブタイトル「妻は告発する」を付けたのは当時、大阪過労死問題連絡会に相談に来られていた方のほとんどは夫を亡くされた方でしたし、妻という視点や立場がこの問題を最も鋭く告発していると考えたからです。

今回の「過労死１１０番 三〇周年シンポジウム」ですが、松丸正弁護士から参加の依頼を受けました。私はもう長く過労死問題にかかわっておらず、皆さんの前で話すことにためらいがあったのですが、運動の初期の状況と、その後の運動をどう見てきたか、話して欲しいと言われ、私の話になにか意味があるとお考えならばとお引き受けした次第です。

過労死問題への関心

三〇年前というと当たり前のことですが一歳の子どもが三〇歳、お父さんやお母さんになるだけの歳月ですから、社会の状況も随分違います。当時はまだ「企業戦士」「働きバチ」「モーレツ社員」といった言葉が生きていました。しかし、その一方で高度成長期も終わり、物質的には豊かになったけれど仕事に追われ続け、私たちは本当に豊かになったのだろうか、という疑問も芽生えていました。

その頃は、私も仕事にのめり込み、毎日深夜に帰宅、休日もままならないという状況でした。仕事にはやりがいを感じていましたが家庭生活はほとんどなく、本当にこれでいいのかという思いも抱いていました。番組を企画するうえでも「経済大国になったが果たして私たちは豊かになったのだろうか」という問題意識をもつようになりました。しかし、具体的にこの社会のなにを、どういう視点で見ていけば問題の所在を明らかにできるか、つかめずにいました。

そんな状況のなかで、私に日本の社会の在り方を働き方との関係で考えるきっかけを与えてくれたのが海外取材のおりそこで見た人々の暮らし方や働き方でした。

たとえば東ドイツ（当時）の東ベルリンに行き、現地のジャーナリストと長く仕事を一緒にしたのですが、勤め先での役割も年齢も自分と同じような人が夏になると一か月バカンスをとり、家族とチェコやハンガリーに出かける。それぞれ大きくはないのですが郊外に別荘も持っていて週末になるとそこで過ごす。当時の東ドイツは統一前で「社会主義国の優等生」と言われていましたが、実際に行って見てみると監視、管理の厳しい息詰まるような社会で「これが優等生の現実なのか」と幻滅しましたし、またモノも決して豊かではありませんでした。しかしそこで見る人々の時間の流れはゆったりとしていて、どう見ても私たちと違う。

他の国々に行っても同じように感じ、問題意識は次第に明らかになってきたものの、日本に帰ると取材すべき現実とはなにか、分かりませんでした。

大阪過労死問題連絡会との出会い

そのようなもやもやした気持ちが続いていたとき、新聞の「会と催し」という欄の四、五行の短い記事が目に留まりました。それが大阪過労死問題連絡会の案内だったのです。私は当時「過労死」という言葉に馴染みがなく、会の名前も活動も知りませんでしたが、なにか気になるものがあって、大阪の南森町の事務所で開かれていた例会を取材させてもらいました。

夜六時か七時だったでしょうか、訪ねてみると部屋には松丸弁護士、池田直樹弁護士、それに医療関係者、労働組合の方など五、六人と相談に来られた方が一人だけいらっしゃいました。そしてその方が自問自答するようにぼそぼそと話し始められました。それを殺風景な部屋で弁護士たちがじっと聞いている。地味と言うのか、率直に言ってお通夜のようにひっそりとした会でした。

しかし、私はその方のお話を聞いているうちに心を揺さぶられ、「私たちの社会の抱える大きな矛盾、問題が今、ここで語られているんだ」と思ったのです。語られていることは要約すれば「夫は長時間の過密過重労働で休日も満足にとれず、家庭は家庭でなくなり、その果てに倒れ、亡くなった、納得できないがどう考えてなにをすればいいのか分からない」ということでした。

その話を聞きながら、「今の日本の社会の貧しさ、満たされなさがここで語られている。ここで語られていることを通して、日本人の働き方、ひいては日本社会の在り様を問い、人が人として豊かに生きていくためにはなにを克服していけばいいのか、取材し報道してゆきたい」と思ったのです。

大阪の街の小さな灯

それから仕事による過労で夫が亡くなられたり倒れられたりされた多くの方々を取材させて頂きました。その方々に共通していたのは、大阪過労死問題連絡会にたどり着くまでに孤独で苦しい日々が長くあったことです。

夫が倒れたり、亡くなられたとき、まず皆さんは「どうして夫を守れなかったのか」と、自分を責められる、また姑や周りの人、果ては仕事ぶりを見ていたはずの職場の人からも「夫の体調が悪いことにどうして気付かなかったのか、なぜ休ませなかったのか」と責められる。孤立無援のなかでどの方も自問自答されている。

しかし、自問自答を続けるなかでよくよく考えていくと、本当に私の力で夫を守ることができたのだろうかという思いに至られる。「やはりそれは会社、その会社の働かせ方にあったのではないか。私はなにも夫に『休日に仕事に出ていってくれ』と言ったことはないし、『休んでくれ』と言った。しかし、それをさせなかったのは会社ではなかったのか」と。しかし、そこまでいっても夫の職場の実態を知らないし知るすべもない。また当時の日本の社会は基本的に終身雇用で会社への帰属意識も強い。夫が若い頃から〝お世話になっていた〟会社と対立するのにも抵抗がある。

組合も同僚も誰も手を差し伸べないなかで、彼女たちがたどり着き、その声に耳を傾けたのが大阪過労死問題連絡会だったのです。

現在、厚労省のホームページを見ると「近年、我が国において過労死等が多発し大きな社会問題となっています」と書かれている。その出発点は三〇年前の、いやもっと前からの、あの南森町の小さな運動、大阪の街にそこだけぽっとともっていた小さな灯にあったのだと思います。

手作りの勤務表

取材で出会った何人かのお話をしたいと思います。

いちばん最初に取材させて頂いたのが平岡チエ子さんでした。平岡さんのご主人は、工場の現場の班長でした。過重な労働が続き、急性心不全で四八歳で亡くなられています。平岡さんは大阪過労死問題連絡会に支えられ、労災の認定を求め、労働基準監督署に訴えることを決意されます。

そのためにはまず夫がどんな過重な労働で亡くなったのか、勤務の実態を明らかにしなければ

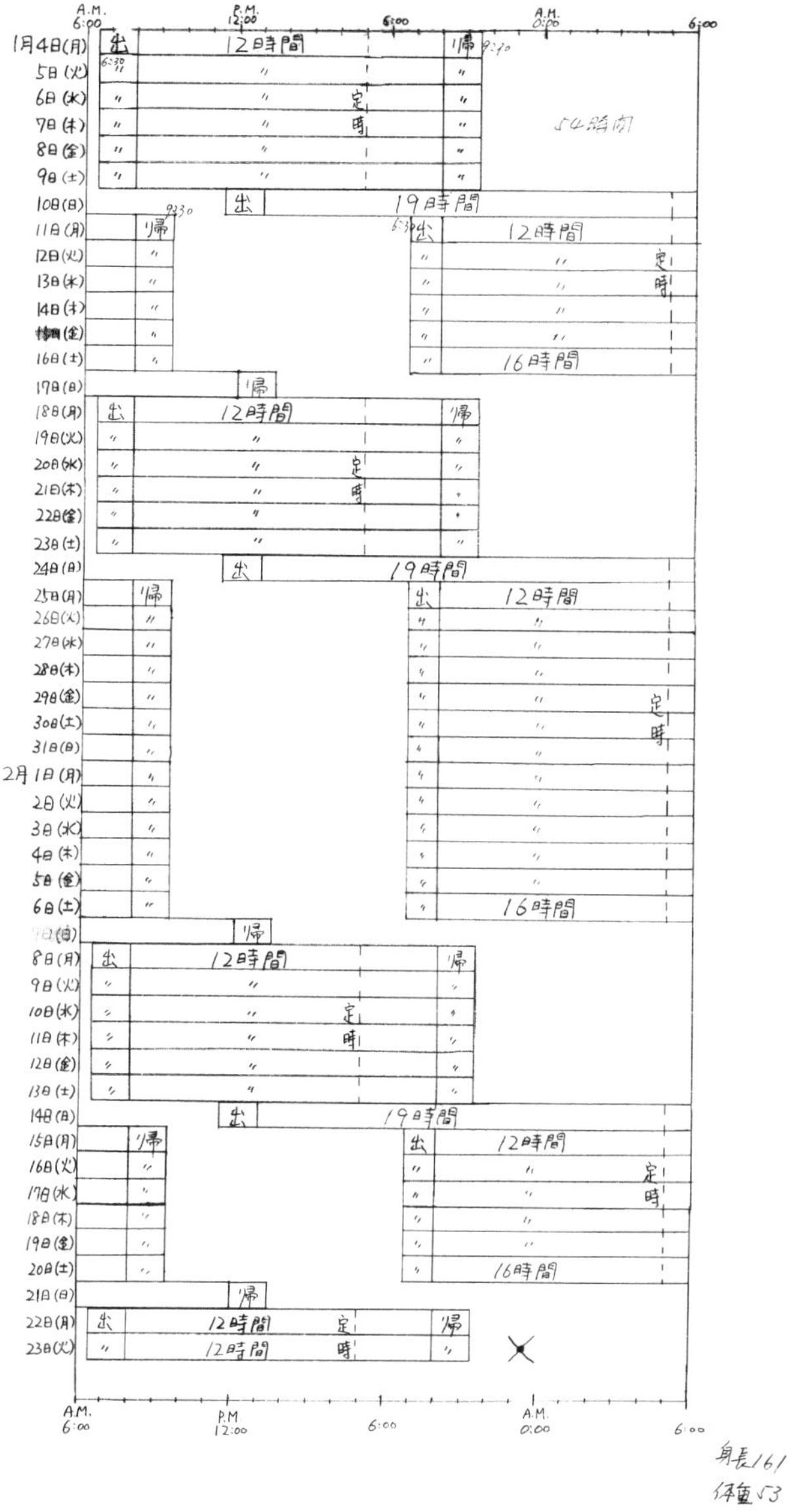

平岡さんが親子で作った手作りの勤務表(提供：平岡チエ子)

ならない。しかし、会社は勤務記録を出さない。入り口のところでどうすればいいのか、手立てが見つからない。あるとき、私はご家族に「朝、何時に家を出られて会社に行かれたか、帰宅された時間は何時か、休日はどうか、自宅にいた時間、会社にいた時間などを毎日、色を分けた棒グラフにしてみたらどうですか」と勧めたのです。

私は大学受験に失敗して浪人したのですが、母子家庭でしたから予備校に行くお金はなく、ひとりで勉強をしていました。放っておくといい加減になってしまいますから、国語は何時から何時まで勉強した、日本史は何時からと学科ごとに色を変えた棒グラフを毎日書いていたのを思い出したのです。すると平岡さん、娘さん、息子さんと三人で記憶を確かめながら、「あの日は朝早く出かけた」「この日も遅く帰ってきたなぁ」「あの日はお父さんとコンサートに一緒に行こうと思ってたけどその日もお父さんは会社に行った」などと話をされながら、手作りの毎日の勤務表を作っていかれました(二九ページ参照)。

何日もかけて家族三人で勤務表を作り上げていかれる家の玄関口には、ご主人が亡くなられてから大分たつのに黒い頑丈な作業靴が置かれていました。私は亡くなられたご主人もそこにいて、「そうだよ、そうだよ」とうなずいておられるように感じ、カメラマンに「この靴を三人を見つめるご主人と思い撮ってほしい」と言ったことを今もよく覚えています。

のちに労働基準監督署との交渉のなかで会社の勤務表が出されますが、この手作りの勤務表はほぼ間違いがなく正確だったということです。因みにこの手作りの勤務表は、会社側が勤務の実態の記録を明らかにしないなかで、労災認定を求める方々が同じように作られ、過重な勤務実態を示す重要なデータになったと聞いています。

会社の名前しか出ない

もうひとり、取材をさせて頂いた方の話です。夫は内装の現場監督をされていて、四二歳で脳内出血を発症し倒れられました。私が取材をお願いしたのは、倒れられてからもう一年あまりたった頃でした。内装の仕事は建設工事のなかで最後の工程にあたり、工期の遅れと納期との間で無理がしばしば生じます。

倒れられてから何回も手術されたのですが、意識が戻らないままでした。奥さんはお仕事をしながら夫が入院している病院を始終訪ね、少しでも意識が回復しないかと思い、夫の身体をいつもさすっておられる。

あるとき、話してくださったのですが、夫の身体をさすりながら、意識が少しでも戻らないかといつものように「お父さん、私の名前なんていうか分かる？」「息子の名前、なんていうか分かる？」と聞かれるがなにも答えない。ところがある日、「お父さん、会社の名前分かる？」と聞いたら、会社の名前だけは答えられたというのです。その話を聞いたときに私はなにも言えなかった。奥さんはそれを聞かれたとき、どう思われただろうか。私の名前、子どもの名前は夫の頭にない、でも会社の名前だけは今もある。倒れる前、私と子どもの名前はあったのだろうか。

病室で介護していらっしゃる様子を撮影させて頂きました。奥さんはいつまでも夫の身体をさすりながら自分の名前、子どもの名前を問い続けておられる。ふと振り返ってカメラマンを見ると、ボロボロ泣いているんです。涙を流しながらカメラを回しているのです。テレビ番組はカメラマンが撮ったVTRを編集者が編集します。その編集者も編集室で、そのシーンになると同じように泣いているんです。

倒れる前にすでに奪われている

私は遺族にとって理不尽としか言いようのない悲惨な事故や災害を度々取材し番組を制作してきました。しかし、このようにカメラマンや編集者がその仕事の最中に泣いているのを見たことがない。冷静さを失えば仕事になりませんし、二人ともベテランです。過労死の問題のどこがそれほどまでに悲しく辛いのでしょうか。

過労死や過労自殺のいわば〝非人間的な〟問題は亡くなった人、倒れた人、そしてその家族が死の前に、倒れる前にすでに人間らしい生き方、豊かな暮らしを奪われていることではないでしょうか。人間らしい生き方、豊かな暮らしと言いましたが、それは特別なことではなく、子どもと遊んだり、夫婦で休みにたまに映画を観たり、地蔵盆や運動会などの地域の活動にも参加する、自分の趣味を楽しむといったごくごく当たり前のことです。仕事以外のこうした世界がなくなる、それは人間らしい生き方をすでに奪われている、ということではないでしょうか。

カメラマン、編集者、私が、奥さんがご主人に語りかける情景を見て涙をこらえられないのは、ご主人の無念、残された家族の悲しみに心を打たれるとともに我が身を振り返ったとき果たして今、見ていることは無縁だろうか。自分も働いているのか、働かされているのか分からないけれど、果たしてこれでいいのだろうか。過労死や過労で倒れた人のことは他人事ではない、幸せとは一体、なんだろうか……過労死問題には人の心を揺さぶる強い力があります。

遺族や被災者を中心とした過労死等防止対策推進法の運動が多くの人の共感を呼び、推進法の成立を求める署名が五五万筆も集まり、二〇一四年には国会で全会一致で成立した根底にはそういうことがあるのだと思います。

今、問われていること

今月号の『世界』(二〇一八年五月号)に過労死の特集があり、そこに過労死したNHKの記者に関するリポートも掲載されています。そのタイトルは「未和――過労に奪われた31歳NHK記者の未来」(尾崎孝史・著)です。

でも未来を突然奪われたという点では事故死や災害死なども同じです。過労死も無論、未来を奪いますが、それだけでなく生前すでに人間らしい暮らしが奪われている、そこに過労死・過労自殺固有の厳しい現実、問題があると私は考えています。

そのリポートでは亡くなった記者が生前、弱い立場の人を支えようと懸命に取材に取り組み、多くの人に慕われていた優秀な記者だったと書かれています。そしてその可能性ある未来が奪われたことをこのタイトルは強調しています。しかし、私は奪われたのは未来だけではないと思っています。リポートは、二〇一三年の都議選、参議院選挙の取材に追われていたある日の始業は六時五〇分、終業は二五時、亡くなる直前の一か月の時間外労働時間は二〇九時間に達していたと記しています。それはいったいどのような日々だったのでしょうか。ベッドの上で亡くなられていた記者の右手には取材用の携帯電話が握られていたということです。

奪われたのは記者の未来だけではない、亡くなられる前にすでに奪われていたものを私は思います。

取材させて頂いた奥さん方の多くが「夫がいなくなっても毎日の暮らしはなにも変わらない、生きている間もいつもいなかったから、それが悲しい」と話されます。

過労死認定が全国ニュースのトップに

平岡チエ子さんの夫に労働基準監督署から労災認定の決定が出たのは一九八九年五月一七日でした。この認定は発症、つまり倒れられる一週間以前の過重労働も付加的に判断するという点で、恒常的な残業、休日労働などによる過重な労働への労災認定に道を開いた画期的な認定でした。私は労働省(当時)や労基署をたびたび取材し、認定への動きは摑んでいてこのことを全国に向けニュースでも報道したいと思いました。しかしニュースの原稿を書くのは記者だけです。そこで司法担当の記者に情報を入れ、認定の当日、取材、出稿してもらいました。

今も強く印象に残っているのですが、平岡さんの労災認定がその日のＮＨＫの夜七時の全国ニュースのトップで放送されました。正確に言うと国政の大きな動きが最初でしたが、それはどの社でも出さざるを得ないものでしたから、事実上この労災認定がトップニュースでした。

このニュースが全国へ放送されるとき、私も大阪放送局のニューススタジオで立ち会っていたのですが、後ろに座っているニュース担当のデスク二人の会話が聞こえてきました。ニュースデスクは、ニュースの価値判断をし、放送すべきかどうか、どの程度詳しく伝えるかなどを決める役職です。ひとりのデスクがその全国ニュースを見ながら、「これがなぜ全国のトップニュースなのかね」と隣りに座るデスクに独り言のように問いかけました。それに対してもうひとりのデスクは「これがこれからの時代の課題じゃないの」と答えていました。

今、思えば、夜七時の全国ニュースの編集長の見識にも感心します。編集長のもとには全国の各地方の放送局、東京の政治部、経済部、社会部、スポーツ部等の各部や海外の総支局からさまざまな大量のニュースが提案され、そのニュース価値を判断して、採択、放送順を決めます。

平岡さんの労災認定がこのように大きく扱われたのは、時代の、社会の、そしてそこに生きる私たちの意識の大きな転換期だったと言えるのかもしれません。

なにが変わったのか

実際、この三〇年ほどの間に働く人の考え方にもまた企業の取り組みにも大きな変化があったと思います。

厚生労働省にこんな調査データがあります。過労死１１０番ができる前年一九八七年の「会社のためなら自分の生活を多少犠牲にするのは当たり前だ」という設問に対して四七％が「当たり前」と答えています。しかしその一六年後の二〇〇三年の調査では同じ設問に対する同じ回答が三四・四％と大幅に減少しています。二〇〇七年版『国民生活白書』はさらに世代別の意識調査を加え、「若い世代で強まる『脱・会社人間』志向」と見出しをつけています。これは働く側の考え方の変化ですが、企業の労務管理も当然変化せざるを得なかったでしょう。

私は上記の調査に見られる意識の変化のように、日本の社会は仕事中心主義から脱却しつつあると思っていたのですが、相変わらず過労死のニュースは絶えることがなく、とりわけ、若い人の過労死や過重な労働による自殺の多いことに愕然とします。

先ほどふれた『世界』の特集全体のタイトルは「〝KAROSHI〟を過去の言葉に」です。私が取材させて頂いたころ、すでに「ノーモア過労死」と言っていました。それから三〇年あまりたっています。

過労死や過労自殺でまず厳しく問われるべきは、そのような働き方を強いた企業であり、労働組合や職場の環境であり、そのような働き方を許している政策・制度であることは言うまでもありません。しかし私は、若い人が、企業にNOと言えず、仕事以外の世界を見えなくさせたものはいったいなんだろうかと改めて考えざるを得ません。

私が取材していた当時、そのほとんどは妻による夫の過労死や過労で倒れられたことへの訴えでした。若い人の過労死や過労自殺には出会いませんでした。弁護士の皆さんに聞いても同じ受け止めです。

現在、過労死や過労自殺などの集まりに参加すると、若くして亡くなられたり、倒れたりされた息子や娘のことを訴える親のほうが多くなっています。

三〇年前から現在までの間に、一体どのような変化があったのでしょうか。

日本の社会、企業、労働組合、教育、家庭、そして価値観など、さまざまなことの変化が重なり合って、若い人の悲劇を多く生んでいるのでしょう。この変化が一体なにによるものなのかを問い、どうすれば克服できるのか、さまざまな立場の人が力を合わせて検証し、早急に対応することが求められているのではないでしょうか。

若い人こそ豊かさとはなにかを自分自身の言葉で考え、その豊かさに向かって納得して生きていく、そんな自由な社会であって欲しいと思っています。

遺族、そして弁護士たちの闘い

話はもどりますが、私が三〇年前に取材させて頂いた方々が、今、京都に住んでいる私を時々訪ねてきて下さって、お茶を飲んだりします。そんなおり、「長く取材させて頂きましたが、いちばん印象に残ったことはなんですか」と平岡チエ子さんに尋ねたことがあります。それに対するお答えが意外なものでした。私が主に取材させて頂いたのは四、五月でした。インタビューを公園で撮らせて頂こうと平岡さんと一緒に歩いていて、そう大きくない橋を渡ったとき、川辺にとても綺麗な花がたくさん咲いていていて平岡さんに「あの花はなんて言うのですか」と聞いたのです。平岡さんはそのことがいちばん印象に残っていると言われるのです。「なぜですか」と尋ねると、「夫が亡くなってから花に目を向けるような気持ちに一度もならなかったから」と言われたのです。ご主人が亡くなられてからもう一年と数か月たっていました。私は改めて私などがはかりようのない苦しい孤独な時間を長く過ごされてきたのだと胸を突かれました。

弁護士、労働組合、医療関係者などによる大阪過労死問題連絡会の活動は、その前身も含めれば一九八一年に始まっています。過労死がまだ「急性死」と呼ばれていた時代で、労災認定もなかなかとれず、活動も世に知られない苦しい時期が続いたと聞きます。そんな時期にあっても、たまに訪ねてくる遺族のために月一回の例会を一度も休まず開き、今日まで活動は続けられてきました。

過労死という、日本社会の矛盾を見つめ続け、遺族を泣き寝入りさせない、また亡くなられた方の死を無駄にすまいという大阪過労死問題連絡会の皆さんの不屈の運動がなければ、過労死の遺族は文字どおり泣き寝入りするほかありませんでした。

現在では、過労死問題に取り組む弁護士や遺族による活動は全国各地で組織化され、過労死問題に関する相談や遺族、被災者家族の交流などが行われるまでに発展してきています。私は地方にお住まいの方も取材させて頂きましたが、当時は近くに誰も相談する人がなく、孤立無援のなかでただ悲嘆にくれておられる姿が今も心に残っています。活動の広がりによって、そうした人たちにも少しずつ相談の手が差し伸べられるようになっているのだと思います。

民衆が自分たちで歴史を作った

過労死・過労自殺の闘いは、草の根の民衆がそれぞれの立場で立ち上がり、日本の社会に広く訴えかけ、国策まで変えた稀有《けう》の運動だと思います。一人一人では力のない民衆も力を合わせて闘えば、自分たちで歴史を作っていけることを示しています。過労死の運動は、これからの日本社会に勇気を与える運動として記録され、人々に闘うことの可能性を必ず示し続けることでしょう。またその陰には無念のうちに亡くなった人、倒れた人が妻や子また父母に寄せる目には見えない励ましがあったのだろうと私は思っています。

長く勝手にいろいろお話ししました。過労死報道に携わった者の一つの証言として聞いて頂ければ幸いです。

（元ＮＨＫディレクター）

◆遺族の話・1

夫を、そして父を家庭に取り戻すために

平岡チエ子

ベアリング工場班長だった夫の過労死

夫は当時、奈良県内では一、二を争う大きな工場だった旧椿本精工のベアリング工場で、三〇名ほどの部下の班長として、製造ラインに立って仕事をしていました。そして、一九八八年二月二三日、自宅で心筋梗塞で倒れ亡くなりました。

同年四月二三日に大阪で実施された過労死110番に、待ちかねる思いで一〇時の受付時間と同時に夫の過労死について電話相談しました。第一号の相談者とのことでした。

対応してくれた弁護士さんに、夫の仕事について「一週間は日勤で午前八時から午後八時までの一二時間、翌週は午後八時から翌朝八時までの一二時間の仕事」と必死に訴えました。「土、日はお休みだったのですか」と聞かれて、「土曜は午後一時から日曜の午前五時あるいは八時までの一六時間から一九時間の、休みのほとんどない仕事でした」と答えました。夫の休みのない長時間労働に対し、弁護士さんも電話口で言葉を失っておられた様子でした。

夫がこんな仕事をしていたのは、工場は二組二交代の休日なしの二四時間連続勤務体制で操業しており、一日の労働時間は当然一二時間となり、夫は班長としての責任感から、班員である若

い人のいやがる休日も出勤していたからです。

働き方をみかねて、そのような過重労働を訴えようと私は近くの労働基準監督署の前まで行ったものの、夫の立場を考え、できませんでした。また、当時音楽大学に通っていた娘は、夫の亡くなる数日前に、「クラシックのコンサートのチケット二枚もらったから、一緒に行こう。寝ているだけでいいから」と誘いましたが、それもかなわず、その日も出勤しました。

当時高二だった息子は、父の家庭での姿を「出ていく、寝ている、笑っている」と話していました。会社にとっては一つの取り替えのできる歯車であっても、家族にとってはかけがえのない人を過労死で失った私たちにとって、過労死110番への相談からはじまった労災認定、企業賠償責任の裁判は、夫を、そして父を、家庭に取り戻す思いをもった闘いでした。

労災申請へ

過労死110番の電話相談を受けた松丸弁護士らで弁護団を組んでもらい、この年の七月七日の七夕の日に奈良県の葛城労働基準監督署に労災申請しました。

私たち家族で、額を寄せ合うようにして作った夫の労働時間表では、年間三七〇〇時間の実労働時間、一か月三二〇時間という、今では当然労災認定される時間数でした。しかし、弁護団の先生方のお話では、前年の一九八七年に労災認定基準の改定があり、発症前一週間の長時間労働が労災認定の対象となるようになったが、予断は許されない取り組みだということを聞きました。まだ過労死認定の道は、あるかなきかの厳しい時代でした。

高二だった長男は、労基署に提出した陳述書のなかで、父は労働組合のある職場で働きたいということで、この会社に就職したと述べ、最後に「お父さんが期待していた労働組合が死んでいたのが悔しい」と結んでいました。

工場の労働組合が会社と結んでいた三六協定は、月一一〇時間の時間外労働を認めたものとなっていました。夫の時間外労働は、その限度さえはるかに上まわっているものだったのに、労働組合はなんのブレーキ役にもなっておらず、「死んでいた」のです。

夫の過労死に注目してくれたのは、NHKの織田ディレクターによるドキュメンタリー番組『過労死――妻は告発する』と、月刊誌『潮』一九八八年九月号の内橋克人さんのルポルタージュ「見えざる死　過労死――日本の繁栄を陰で支える企業戦士たちの〝現実〟」でした。

企業賠償責任の提訴

翌一九八九年五月一七日、労災認定が下されました。

しかし、会社はマスコミへのコメントで「本人が勝手に働いた。会社が強いたものではない」と責任を認めませんでした。当時はまだ過労死についての会社への損害賠償の裁判はほとんどなく、弁護団の先生方によると、決して容易な裁判ではないとのお話でした。しかし、私たち三人の遺族は一年後に、生涯の闘いを覚悟する思いで、大阪地裁に会社に対する損害賠償の裁判を起こしました。裁判には「生きた労働組合」の労組員の方や労災問題に取り組んでいる多くの方、さらには学生さんもつめかけ、一〇〇人が傍聴できる大法廷もいっぱいになりました。

裁判は、提訴から四年後に、会社にほぼ請求額全額の賠償責任を認めさせ、謝罪させる全面勝訴の内容で和解が成立しました。

さらなる救済と予防へ

私たち三人の遺族の周りには、いつもそれを支えてくれる多くの人たちがいました。夫の死をテーマにした「突然の明日」の過労死劇を上演したときには多くの方が観劇してくださり、夫の役を過労死問題の第一人者である森岡孝二関西大学教授（当時）が演じてくださったのが、なつかしく思い出されます。

アメリカの新聞の『シカゴトリビューン』は、一面トップで"Japanese live and die for their work"（日本人は仕事のために生き、仕事のために死す）と報じ、本文で「karoshi」と書き、これが「過労死」が国際語になるきっかけになったと聞いています。

「過労死１１０番」なしには、夫の過労死の労災認定も得られず、企業賠償責任を認めさせることもなかったかもしれません。私たちが前の見えないなかで取り組んだ時代と比較すれば、遺族・被災者の救済の道は広がっているのかもしれません。これからも「過労死１１０番」が大切な人を過労死・過労自殺で失った人たちへの駆け込み寺であることを期待しています。また、過労死という重い事実を明らかにして「ノーモア過労死」の取り組みを進めてください。そして、職場の取り組みが重要です。とりわけ「生きた労働組合」が働く人の命と健康を守り、家庭を守り、一人一人の人生とゆとりのある職場づくりを大切にしてくださることを望んでいます。

◆遺族の話・2

夫の生きた証、一〇年九か月の闘い

寺西笑子

「まさか自殺……」まじめに働いた夫は報われない

こんばんは。京都に住んでいます寺西笑子です。今から二二年前の一九九六年二月、飲食店の店長だった夫は四九歳で過労自殺しました。

夫は中学を出た後、世界に進出している大きな工場で一〇年頑張って働いていましたが、仕事への物足りなさを感じ、学歴に関係なく自分の腕に技術を付けて世渡りできる仕事をしたいと考え、二五歳で会社を辞め、二八歳で調理師資格を取得し、京都市内に七店舗の飲食店を経営する会社に就職しました。毎日忙しく、へとへとになって帰ってくるので、もっと楽なところに変わったらと言うと、「飲食店は長時間労働が当たり前、この忙しさが腕を育ててくれるのや」と、しんどさをやり甲斐としてとらえ、一人前の料理職人をめざして必死になって仕事を覚え、会社に尽くしてきました。その実績が認められ、一九九二年に大型店の店長に昇進しましたが、おりしも平成不況の真っ只中で達成困難なノルマを課せられ、夫の労働時間は、一か月三二〇時間から三五〇時間、年間四〇〇〇時間、二週間連続勤務という長時間過重労働になっていったのです。連日売り上げノルマ未達成への叱責を浴び、あげくに本人の意に沿わない異動を言い渡され、とうとう夫はうつ病を発症し、一九九六年二月一四日朝、家を出たきり帰ってくることはなく、深夜、飛び降り自殺をしたという衝撃的な出来事となりました。

　こんな働き方をすればいつか斃《たお》れるのではないかと思っていましたが、それがなんで自殺なのかということが分からず、故意の死という偏見をもたれる亡くなり方をした夫を責め、なぜ救えなかったのかと自分を責めました。遺書はなく、なぜ家族に一言もなかったのか、死ぬほどの悩みをなぜ言ってくれなかったのかと、つらい日々を過ごしました。

　わらにもすがる思いで弁護士事務所へ相談に行くと、「今は自殺の労災認定基準がないので、証拠があっても国は認めない」という厳しい現実を知らされ、申請者側に立証責任があることを教わりました。職場には緘口《かんこう》令が敷かれ、事実を話してくれる人が誰もいないので、なす術《すべ》もなく途方に暮れる日々を送りました。

　一九八八年に過労死１１０番が開設された八年後に夫は亡くなったのですが、この八年間に自殺が労災認定されたのは、たった三人でした。行く先々で、相談しても「積極的にやりましょう」と言ってもらえず、証拠も集められず、一年あまり悶々とした日々を過ごし、毎日、涙が出ない日はありませんでした。

労災認定を求めて

　そうして一年後に大阪の過労死１１０番へ相談したところ、弁護士の岩城先生につながりました。先生は「自殺も仕事が原因なら労災だ、弁護士は認定基準をつくるために頑張っている、一緒に頑張りませんか」とおっしゃいました。この言葉に勇気が湧き、泣き寝入り状態から、闘いの一歩を踏み出すことができたんです。

さっそく弁護団を組んでいただき、夫が亡くなった三年後に、やっと労災申請でき、その半年後の一九九九年九月、労働省(当時)から初めて「心理的負荷による精神障害等に係る業務上外の判断指針」が策定されました。このとき、これまで先人の遺族と弁護士のねばり強い闘いがあって国は動き、救済の道が拓かれたのだと実感しました。

夫の自殺は心理的負荷表によって判断されますが、適正に行われるように世論を味方につける運動も必要とされ、名前と顔を出して署名運動をし、報道取材も受けて、何度も労基署要請を行い、世論の動向と夫の働き方への遺族の思いを訴えました。申請して二年後、心理的負荷の評価は、月一〇〇時間を超える恒常的な長時間労働と執拗な叱責などにより、総合評価は「強」に修正され、夫の自殺は労働基準監督署で労災認定されました。当時としては画期的な成果でした。弁護団、専門医、支援者のご尽力に心から感謝しました。

自殺の真相解明と名誉回復に一〇年九か月

ただ、仕事との因果関係が認められても、会社は責任を問われて私たちに謝ったわけではなく、会社が反省や改善をせずに、何事もなかったかのように営業していることが許せませんでした。そこで内容証明を送ったところ、「店長には仕事の裁量があった。遅くまで働けと命令していない。勝手に働いて勝手に死んだ。会社に責任はない」という酷い主張をしたので、会社を提訴しました。

　審理のなかで、会社の数々の違法労働が明らかになったにもかかわらず、元社長が保身のために、誹謗中傷を繰り返していることが許しがたく、個人責任を追及する追加訴訟も提起しました。京都地裁で四年の審理を終え、夫や家族の落ち度はなにもなかったとして過失相殺なしの判決言い渡しを受けました。大阪高裁にて会社は謝罪し和解が成立しました。追加訴訟も京都地裁にて元社長は謝罪し和解が成立しました。

　終わってみれば、夫の自殺の真相解明と名誉回復に一〇年九か月が経ち、自分ひとりでは、けっして闘い切ることのできない大きな力を得られたことに、心から感謝しています。

　しかし、労災認定され裁判で勝利しても夫は二度と生き返ってくることはなく、死んでからでは遅い、取り返しがつかないことを痛感しました。どうすれば死なずに済んだのか、息子たちが同じ轍《てつ》を踏まないためにどうすればよいのか、考え行動することがライフワークになり、「家族の会」で活動をしています。


過労死の教訓を過労死防止対策に活かすこと

　とりわけ二〇〇九年から、「大阪過労死問題連絡会」が取り組まれた過労死を出した企業名公表を求めた行政文書開示請求は、同年一一月に大阪地裁へ提訴され、私は原告として参加しました。地裁で勝訴しましたが、高裁、最高裁は不当敗訴で終わりました。しかし、この裁判の波及効果として、厚生労働省が二〇一七年五月からブラック企業対策として、「労働基準関係法令違反に係る公表事案」で違反企業の実名を公表することになりました。このことにより、過労死を出した企業の社会的責任を追及するためには、企業名が公表される必要があり、この裁判が先例となって活かされ、けっして無駄ではなかったという思いを抱きました。

二〇〇八年に、過労死弁護団全国連絡会議と日本労働弁護団から、「過労死防止基本法」の制定が提起され、「家族の会」が手探り状態で動き出したのがきっかけになって、二〇一一年に法案制定実行委員会が結成され、国民的運動の機運が全国で高まりました。一三年には、ジュネーブにある国連社会権規約委員会へ「家族の会」が訴えに行き、日本政府へ国連勧告を発令させるに至りました。その後、超党派議員連盟が設立され、国会へ議連案として提出し、一四年六月、過労死防止法が成立しました。その結果、はじめて「過労死」が法律用語として定義され、これまで放置してきた過労死問題について、「国の責務」で過労死をなくすことを国が宣言しました。

過労死防止法の大綱にのっとり取り組みが進む一方で、残念ながら過労死は増え続けており、「家族の会」へ相談に来られる遺族は後を絶ちません。

深刻なのは若年層の過労死です。若い妻と幼い子どもを遺した若者や、夢と希望を抱いた新入社員が、就職してから数か月後に自殺に追い込まれるという、日本の異常な働き方をなくしていくことが喫緊の課題です。過労死をなくすには、違法労働への罰則強化と働く人の意識を変えること、過労死した人の教訓を学んで過労死防止に活かす改善策を徹底することが大事と考えます。

ぜひ皆さまが、共に考え行動してくださることを切に願っています。

◆遺族の話・3

まるで無法地帯の職場が奪った息子の命

中間博光（仮名）

入社後わずか三か月半での予期せぬ息子の自死

私は一〇年前に息子を過労自死で亡くした父親です。今年で過労死110番三〇周年、息子が亡くなったのは二〇〇八年のことですから、二〇年前のことになります。その頃の私は過労死や過労自死ということについて知識も関心もありませんでした。

息子が亡くなった日の朝七時、勤務していた会社から「まだ息子さんが出社してきませんが」と電話があったとき、私は受話器に向かって「息子は死んだ。お前たちが殺したんだ」と絶叫していました。それまでの疲労した様子や、あまりにも遅い帰宅時間に漠然とした不安を感じていたからと思います。

私の息子は二〇〇三年に大学を卒業後、懸命に就職活動に励んでいましたが、就職氷河期ということもあり、なかなか自分の望むような会社に就職することができず、それでもアルバイトや契約社員として懸命に頑張っていました。しかし、その息子も二七歳になり、正社員として就職し、自立して親を安心させようと思ったのでしょう。二〇〇八年の四月頃、「就職決まったよ。正社員だ。心配かけたけど、これから頑張るよ」と嬉しそうに言いました。

その会社は、世界的な清涼飲料水メーカーの協力会社であること、若者の多い職場であるということ、勤務時間は朝七時一五分から夕方四時一五分までだということでした。母親は朝が早いことや、経験のないトラックの運転をすることに一抹の不安を感じたようですが、私たち家族は祝福して彼を送り出しました。

二〇〇八年四月一五日、初出勤の日、息子は朝六時頃家を出ました。帰宅したのが夜八時三〇分でした。出社初日から三時間以上の残業を課せられていました。忘れもしません、その日の息子の顔はたった一日で日焼けし、少し痩せたように見えました。「きつい仕事だ、でもせっかく正社員になれたのだから頑張るよ」と彼は言いました。

届かなかった死亡一週間前のＳＯＳ

清涼飲料水を自動販売機に配送するこの仕事は、気温の上昇につれて忙しくなります。帰宅は夜九時になり、一〇時になり、疲労が目立つようになり、痩せてきたなと思いました。仕事を指導する同乗者がとてもキレやすく、怒鳴り散らされるという愚痴をこぼすようになりました。

入社二か月半後の六月末に、この会社はそれまでやっていた偽装請負の解消という理由で、年間で最も商品の売れる繁忙期に、それまで息子が懸命に努力して仕事の手順やルートを覚えた町から、まったく違う町への配置転換を行いました。しかも人手不足を理由に単独での配送を命じたのです。酷暑のなか、まったく知らない町での地図を頼りの配送です。車を運転する者にとっては会社も認める過酷な作業でした。

七月になると帰宅時間は夜一〇時になり、一一時になり、遅いときは夜中の一二時過ぎになったこともありました。当時ベテラン社員でさえ仕事の過酷さを「もう無理です。体調管理が必要です」と毎日の報告書で会社に訴えています。息子も「倒れそうです」と訴えていました。しかし、会社はこのようなひどい状況になんの配慮も、対策も講じませんでした。

「倒れそうです」と訴えた一週間後の八月二日、息子は自ら命を絶ちました。入社わずか三か月半のことです。この日のことは忘れたくても忘れることはできません。怒りと悲しみ、絶望のなかから私たちの闘いは始まりました。あの元気だった息子がどうして自ら死ななければならなかったのか、この会社にどんな働かされ方をしていたのか、知らなければならないと思いました。

大阪過労死問題連絡会の弁護士との出会い

私たち家族にとって、とても幸運だったのは、息子の死後、一か月も経たないうちに過労死110番をはじめ過労死問題に熱心に取り組んでおられた三人の弁護士に出会えたことでした。私たち家族の話を聞いた先生方が、「これは労働災害です。一緒にこの会社と闘いましょう」とおっしゃってくれたときは、暗闇のなかに一筋の光明を見た思いがしました。

過労自死の遺族は、深い喪失感や自責の念、孤立感にさいなまれます。それぞれに仕事もあり生活もあります。そのようななかで息子の自死が労働災害であったことを、自ら証拠を収集し立証しなければなりません。

労災申請は、二〇〇九年四月。この年は私たち家族にとって試練の年でした。厳しい闘いは肉体や精神を蝕みます。傷ついた遺族にとっては過酷なことなのです。それでもなんとか頑張ってやれたのは、先生方に教えられ、励まされ、泣いたり笑ったりしながら、まるで一心同体になったように共に闘っていけたからだと思います。

厳しい闘いでしたが、二〇一〇年六月に労災認定されました。

認定の結果を、この会社に伝え責任を問いましたが「会社には一切責任はない」という回答をしたため、二〇一一年九月に企業責任追及の民事訴訟を提起し、二〇一三年一二月に全面勝利和解という形で民事裁判を終えました。会社側は法廷内で遺族に謝罪し、二度とこのような労働災害を起こさないことを約束したのです。

この裁判によって明らかになったのは、この会社は就職してまじめに誠実に働こうとした私の息子を、低賃金長時間過密労働で酷使し使い捨てにしたということです。世界的な飲料水メーカーの安定した協力会社、正社員、月給二十数万円、八時間労働といった甘い言葉で就職を渇望している若者を募集し、実は基本給一〇万七〇〇〇円、時間給にして最低賃金を大きく下回っていました。休息も、昼食もろくにとれないほどの一〇〇時間以上の時間外労働をして、ようやく生活ができるほどの給料。身分についてはいまだに正社員だったのかどうかは不明です。

「過労死110番」が無用になる日を

過労死110番三〇周年、この運動は弁護士の先生方が、人は本当に働きすぎて死ぬのかという疑問をもって始まったと聞いています。これにかかわってこられた先生方や過労死遺族の方たちが、血のにじむような努力をされて、労災認定と裁判の勝利を積み重ねたことによって、過労死・過労自死という言葉が世の中に認知され、当初三％にも満たなかった認定率が現在は三〇％以上になったと言われています。多くの労働者たちの理不尽な死との闘い、このような歴史がなかったら、息子の過労死事件も、単なる若者の勝手な自死として葬られていたことだと思います。

息子が亡くなった二〇〇八年は、過労死弁護団全国連絡会議の総会で「過労死防止基本法の制定を求める決議」が採択された年であります。私たちの勝利和解の翌年二〇一四年、「過労死等防止対策推進法」が成立しました。私たちの闘いが過労死防止法成立への闘いと歩みを同じにして勝利して法律が成立したことは感慨深いものがあります。

過労死がなくなり、過労死１１０番の活動が無用になる日が来るのが理想ではありますが、現実には大きな労働組合に守られた大企業でも、過労死・過労自死は起こっています。ましてや息子の働いていた会社のような労働組合もない、まるで無法地帯のような職場では、隠れた過労死事件はもっと多くあるのではないでしょうか。

息子が亡くなった当時、同年代の若者の過労自死が多発していました。その時々の好不況に翻弄され、人生を左右され、ましてや過労死しなければならない若者たちはあまりにも悲惨です。

これからのこの国を担っていくのは間違いなく若者たちです。この人たちが安心して働けるような社会を後世に残していくのが大人たちの責任であり、義務であるはずです。

私のような不幸な父親がこのような辛い発言をしなくていい、「過労死１１０番」が死語になるような世の中が一日も早く来ることを願わずにはいられません。

【リレートーク】「過労死」を死語に

——（岩城、以下同） どうもありがとうございました。ここからは私から少しお話をしつつ、それぞれの方にインタビューをさせていただきます。

今日は三人のご遺族のお話を伺っていて気づいたことが二点あります。

一つ目は、平岡さんの事件が解決したのが九四年一一月ですが、その二年後の九六年に寺西さんのご主人が亡くなられた。寺西さんの事件が解決したのが二〇〇六年で、その二年後の二〇〇八年に中間さんの息子さんが亡くなっている。ですから、一つの事件で頑張っていい解決をしても、すぐまた次々に事件が起こっていることを改めて思いました。

もう一つは、松丸先生が過労死問題の歴史を三つの時期に分けられました。第一期は過労死110番により救済の前進を拓いた時期ですが、ちょうどこの時期が平岡さんの時期にあたります。第二期の過労自殺も含めた救済の全面展開、この時期が寺西さんの時期に重なります。そして第三期の過労死等防止対策推進法への道というのが、ちょうど中間さんの時期に重なります。

中間さんの場合は、息子さんが二〇〇八年に亡くなられ、労災認定がされ、民事訴訟を起こしたのが一一年九月です。ちょうどその二か月後に過労死防止基本法制定の実行委員会が結成され、五五万筆の署名が集まりました。中間さんの事件が和解で解決したのが一三年一二月で、その翌年の六月に法律ができました。過労死防止基本法の制定実行委員会の立ち上げ集会で、中間さんは遺族として発言をされました。そういう意味では中間さんは第三期をそのまま自らの闘いの時期と重ねられてきたと思います。

平岡さんはテレビでは労働基準監督署の説明を受け、「これであの人の生きている間の苦労が体から抜けてほしい」というお話をされていましたが、会社側がまったく責任を認めないコメントを出したことから、会社の責任を明らかにするために民事訴訟をすることになりました。民事訴訟では、三六協定の問題が大きな問題になりました。

五七ページの表をご覧ください。この会社の三六協定の表には所定労働時間「八時間」とあり、その右側に必要に応じて「一五時間以内の時間外労働をさせることがある」と書いています。休憩時間を入れたら二四時間になるわけです。また、休日労働については八時から一七時が基本で、「八時以前一七時以後の休日労働をさせることがある」とあり、これは一週間二四時間ずっと働かせることができるという三六協定なのです。三六協定の問題点がまさに表れている協定です。このような三六協定のあり方は、今も問題となっていますが、平岡さんは三六協定の問題や時間外労働の上限規制の問題などをお聞きになってどんなふうにお考えですか。

平岡　まったく解決していないし、これからも見通しはありません。私たちが変えない限り。

――　そうですね。平岡さんの場合はタイムカードの右上に時間外労働時間を書いていましたから、会社は労働時間を把握していた。今はそんなこともせず、まったく労働時間管理をしない会社も増えているなかで、ますますひどくなっているという感じです。裁量労働制とか、高度プロフェッショナル制度が導入されると、それさえも合法化されかねません。

寺西さんの頃はまだ、過労自殺・過労自死の問題が表面化し始めたところで、寺西さんが労災申請をしたのが九九年三月。その半年後に認定基準の前の判断指針というものができて、電通事件(一六ページ参照)の最高裁判決もさらにその後でした。今は自殺や精神障害の事案が圧倒的に増えていますが、世の中の変化でなにか感じることはありますか。

寺西　夫が亡くなったあくる年の一九九七年一二月に初めて大阪家族の会に参加させていただいたのですが、当時、一〇人ほど集まっているなかで、自殺の遺族は私だけでした。今や家族の会に相談に来られる方の大半は自殺のご遺族です。それだけ長時間労働だけではなく、ハラスメントが横行し、そして人間らしく扱われていないということなのだと思います。これまでの経験がある労働者が、まったく違う部署に配置され、コマのように扱われ、職場のなかで孤立して相談する人もいない環境におかれるような背景を、相談を聞いていて感じるところです。そして若い方は、正規・非正規問題があり、就職氷河期のなかでやっと正社員になったとき、ハラスメントを受け、過重労働を強いられたとしても、ここを辞めればまた不安定な非正規に戻るというつらさから、無理をして頑張ってしまうことがあります。そうした雇用形態の大きな社会問題が自殺へと追い詰めていくという印象をもっています。

――　寺西さんは、織田さんが担当されたＮＨＫのドキュメンタリー番組『過労死――妻は告発する』を見られたのは今日が初めてかと思うのですが、ご自分のときを思い出されたのではないでしょうか。

寺西　思い出しますね。私の場合もやはり労災申請した半年後に判断指針が策定されたという

時間外労働
休日労働　に関する協定書届

事業の種類	事業の名称	事業の所在地
機械器具製造業		

時間外労働させる必要のある具体的事由	業務の種類	労働者数 男	女	計	所定労働時間	1日について延長することができる労働時間	一定の期間について延長することができる労働時間	期間
各種合理化を実施しているが人手を必要とする工程が多く時間外労働をしなければならない。尚女子についても法定限度内の時間外労働が必要である。	管理、営業、資材、製造、技術、設備、生管、その他、製造工程全部	418	72	490	8時間	男子――5時間 但し男子の場合は生産工程の都合、機械の修理、保全等により15時間以内の時間外労働をさせることがある。 女子――2時間	男子1週15時間 女子1週6時間	昭和62年3月1日 63年2月29日

休日労働させる必要のある具体的事由	業務の種類	労働者数	所定休日	労働をさせることができる休日並びに始業及び終業の時刻	期間
時間外労働でまかなえない場合休日労働で補充して行く必要がある。	女子、年少者を除く。全職種	418	日曜日	日曜日 8時――17時 但しその生産工程の状況により8時以前、17時以後の休日労働をさせることがある。	昭和62年3月1日 63年2月29日

協定成立年月日　　昭和62年2月25日

葛城労働基準監督署長殿

昭和62年3月3日

青天井の36協定

ことで、それまでは労働基準監督署で独自に判断させてもらえなかったんです。やっと判断指針ができたということで、労基署が指針に則って適正に判断してくれるかということが私たちの大きな課題でした。ですから支援団体と一緒に労基署へ何度も要請に行きました。平岡さんも労基署要請をされ、労災認定という結果に結びつけられた。私も世論の追い風が必要とされ夫の事件を公表しましたので、自分と重ね合わせながら拝見しました。

なお、私の民事裁判が始まったときから、平岡さんには裁判傍聴に大阪から足を運んで支援いただいて、大変心強く思いました。この場をお借りしてお礼を申し上げたいと思います。

――中間さんは、自宅で息子さんが自死するという衝撃的な亡くなり方をされましたが、たとえば、「ワタミ」の女性の方だとか[1]、電通の高橋まつりさんとか[2]、若い方の、特に自死が増えています。それについて父親としてどのような思いでおられますか。

(1)二〇〇八年六月、大手居酒屋チェーン「ワタミ」に入社後わずか二か月で自殺した二六歳の女性社員森美菜さん。
(2)二〇一五年一二月、大手広告会社「電通」に入社後八か月で自殺した二四歳の女性社員。

中間　子どもを失うということは親にとってはもう人生を失うことですから、本当につらいです。若い人の自死が増えているということは、夢が持てないとか、貧困とかの問題もありますが、なにより世の中に希望が持てないということが大きな原因ではないかと思います。

過労死する人たちは、みんな、社会のために、この会社のために、家族のために、自分のプライドのためにと思って懸命に働く人ばかりだと思うのです。そういう人たちの尊厳をすごく冒している。誰も「働きたくない」という気持ちなど持っていません。私自身も仕事はすごく好きだし、そういう真面目に懸命に働く人が、死んでしまう。どうでもいい人間なんて世の中にはいませんけれども、嘘つきで自分の欲にだけ走っているような人間が生きていて、懸命に頑張る人間が死んでしまうということは許せない、そういう気持ちでいっぱいです。

――最後に、織田さん、感想をお願いします。

織田　数日前に心理学者が書いた本で記憶の問題について読んだのですが、人には、悲しいことやつらいことは、消し去ろうとする本性のようなものがあると書かれていました。でも今日発言された三人の方を始め、この運動にたずさわっておられる遺族の方々は、その人の本性とまったく反対のことをやっておられて、それは本当につらいことと思います。ただ、三人の遺族のお話を聞いていて皆さんただお一人で闘っていらっしゃったのではなく、亡くなった夫、息子の思いと一緒に闘っていらっしゃったからこそ、闘い続けられたのだろうと私は思いました。きっと夫、息子がそばで支え、力をつけてくれているのです。

もう一つは、過労死の運動にたどりつけない方も実際にはとても多いのだと思います。私は、取材で地方もまわりましたが、こういう運動に近づく機会も発想もなく、泣き寝入りという方が多くおられました。今では「家族の会」が全国各地で活動され、多くの弁護士もこの問題に取り組まれていて、私が取材したころと状況は随分違っています。しかしそれでもまだ多くの方が孤独のうちに悩み苦しんでおられます。そうした方々のことを思い、どう運動を広げていくのかも重い課題だと思います。

――ありがとうございました。それではこれでシンポジウムを終了します。

大阪過労死問題連絡会　略年表　1981～2019

年	月	主な取り組み，催し，出版など
1981	7	「「急性死」等労災認定連絡会」発足　急性死電話相談を実施
	7	「急性死」問題で電話相談を実施
1982	5	NHKが「急性死」等労災認定連絡会の例会等を取材し，「夫が職場で倒れたとき」のタイトルでテレビ放映
	6	細川汀・上畑鉄之丞・田尻俊一郎編著『過労死』(労働経済社)出版
	7	「大阪過労死問題連絡会」(以下，連絡会)に名称変更
1984	10	連絡会編パンフレット『過労死110番』を発行，3000部
1985	6	田尻俊一郎『はたらきざかりの働き過ぎ』(労働経済社)出版
1987	10	労働省が過労死の労災認定基準を改定→発症前1週間の業務の過重性も考慮
1988	4	大阪で「過労死シンポジウム」,「過労死110番」を実施
	6	過労死110番全国ネット一斉相談がスタート　東京，大阪，札幌，仙台，京都，神戸，福岡
	10	過労死弁護団全国連絡会議(以下，過労死弁護団)結成
	11	全国一斉過労死労災申請
	11	『シカゴトリビューン』紙，“Japanese live and die for their work”として平岡事件を中心に日本の過労死問題を報道
1989	3	「名古屋過労死を考える家族の会」結成
	4	連絡会編『過労死110番——夫が倒れたとき・倒れないために』(合同出版)出版
	春	連絡会，前年からの相談者に記述アンケート調査を実施　70名に送付，44名から回答
	5	平岡事件，過労死110番で全国初の労災認定
	6	NHKドキュメンタリー’89『過労死——妻は告発する』放映
	7	森岡孝二「過労死——働きすぎ社会の告発」『経済科学通信』第60号
	11	シンポジウム「さよなら働きスギ蜂」
1990	3	東京で過労死110番事件初の労災認定
	5	平岡過労死事件訴訟・企業責任追及提訴
	7	連絡会編『さよなら過労死——人間らしく生きるために』(かもがわブックレット)出版　華田晶之，森岡孝二，前田達男，池田忠夫
	12	過労死弁護団編『KAROSHI[過労死] 国際版』(窓社)出版
	12	「大阪過労死を考える家族の会」結成
1991	11	「全国過労死を考える家族の会」結成
	11	全国過労死を考える家族の会編，青山恵 構成『日本は幸福か——過労死・残された50人の妻たちの手記』(教育史料出版会)出版
	12	連絡会10周年記念レセプションを開催
1992	8	希求座「突然の明日」上演(富田林市立公会堂ホール)，合計入場者数1200名
	11	亀井事件を受けて大阪独自で「サービス残業110番」を実施
	11	シンポジウム「(S)さよなら(O)おかしな(S)サービス残業」
	12	劇団きづがわ「突然の明日」上演(エルおおさか大ホール)，合計入場者数2200名

1993	11	「ノーモア・カローシ――家族とともに過労死を考え，交流する文化の夕べ」(サンスクエア堺)
	11	本多淳亮・森岡孝二編著『脱「サービス残業」社会――いま日本の働き方を考える』(労働旬報社)出版
	12	大阪労働健康安全センター設立総会
1994	6	過労死 110 番プレシンポ「労災認定の壁はなぜかくも高いのか」
	9	平岡事件，民事訴訟で完全勝利和解
	11	「過労死問題を考える関西学生フォーラム」
1995	1	森岡孝二『企業中心社会の時間構造――生活摩擦の経済学』(青木書店)出版
	2	「阪神大震災労災補償 110 番」を実施
	6	過労死 110 番プレシンポ「新認定基準で過労死は救われるか」
	9	森岡孝二編『〈学生フォーラム〉激論！ 企業社会――過労死と働き方を考える』(岩波ブックレット)出版
1996	2	「新認定基準施行 1 周年　臨時過労死 110 番」を実施
	4	「自殺・過労死 110 番」を実施
	6	過労死 110 番プレシンポ「過労死救済元年――何が労働省を動かしたのか」
	11	「在職死亡・団体生命保険・過労死 110 番」を実施
1997	6	「過労死・団体生命保険 110 番」を実施
	10	「自殺・過労死 110 番全国電話相談」を実施
1998	6	「自殺・過労死 110 番」を実施
	11	『道標　田尻俊一郎過労死問題意見書集』を発行
1999	6	過労死 110 番プレシンポ「過労自殺緊急シンポジウム――なくそう！ 職場のストレス疾患」
	11	過労死 110 番プレシンポ「過労自殺シンポジウム」
2000	3	電通青年過労自殺事件最高裁判決，原告全面勝訴
	6	まじめに働くと『過失』になるの？ シンポジウム「過労自殺と企業の責任」
	9	ストレス疾患労災研究会・過労死弁護団編『激増する過労自殺――彼らはなぜ死んだか』(皓星社)出版
	12	大阪過労死家族の会 10 周年記念「ノーモアカローシ　いま大阪から過労死問題を考えるつどい」
2001	6	「労働基準オンブズマン」結成記念　シンポジウム「サービス残業と過労死」
	12	緊急シンポジウム「認定基準の改定で過労死労災認定はどう変わるか」
	12	臨時「過労死・過労自殺 110 番」を実施
2002	3	連絡会 20 周年シンポジウム「過労死・過労自殺問題の現在・過去・未来」
	6	過労死 110 番プレシンポ「若者の過労死・過労自殺――仕事との付き合い方，考えたことありますか？」
	11	過労死 110 番プレシンポ「医療現場の労働実態を考える――これで患者の命をすくえるか」
2003	3	連絡会編『Q&A 過労死・過労自殺 110 番――事例と労災認定への取組み』(民事法研究会)出版
	4	シンポジウム「金融現場の労働実態を考える」

	11	過労死110番プレシンポ「なくせ長時間労働！ 残業・過労死110番」を実施
2004	6	過労死110番プレシンポ「先生，しんどそうだけど大丈夫?――教師の過労・働き過ぎを考える」
2005	3	36協定情報公開訴訟で，大阪地裁が企業名の公表を認める
	6	「労働ストレス・過労死・過労自殺110番」を実施
	8	森岡孝二『働きすぎの時代』(岩波新書)出版
	9	「課長・係長サービス残業110番」を実施
	11	「管理職のサービス残業・過労死110番」を実施
2006	9	「ストップ・ザ・エグゼンプション――働き方を考える大阪ネット」(働き方ネット大阪)発足
	11	「過労死・過労自殺110番」を実施
	11	希求座「あの子が死んだ朝」上演(エルおおさか大ホール)
2007	1	「管理職残業代ゼロ110番」を実施
	6	シンポジウム「管理職の不払残業と過労死」
	6	過労死弁護団と日本労働弁護団の共催でシンポジウム「日本版エグゼンプションを許さない」(東京)
	11	「医師・看護師・教師　過労死・過労自殺110番」を実施
2008	6	「過労死110番」20周年記念シンポジウム(東京)
	9	過労死弁護団全国連絡会議第21回全国総会で「過労死防止基本法」の制定を求める決議案を採択
2009	3	寺西笑子さん，大阪労働局に過労死を出した企業名の公開請求
	6	大阪労働局への公開請求で大手企業86社の約半数が過労死ラインの36協定を結んでいることが判明
	9	連絡会会長，田尻俊一郎先生が亡くなる(81歳)
	11	寺西笑子さん，過労死企業名の公表を求めて大阪地裁に提訴
	11	「過労死防止法を！ 過労死・過労自殺110番」を実施
2010	3	連絡会総会を開催，森岡が新しい会長に就任
	4	過労死弁護団全国連絡会議と大阪過労死問題連絡会が過重労働対策基本法(案)を提案
	6	過労死110番プレシンポ「外食産業の過労死・サービス残業を考える」
	10	「過労死等防止基本法の制定を求める院内集会」
	11	過労死110番プレシンポ「就活におけるブラック企業の見分け方」
2011	11	連絡会結成30周年記念シンポジウム
	11	大阪地裁，過労死認定者を出した企業名公表訴訟で開示を命じる
	11	衆議院会館内で「過労死防止基本法」制定実行委員会結成記念集会
2012	1	「過労死防止基本法」制定に向けて全国一斉街頭署名活動実施
2013	3	森岡孝二編『就活とブラック企業――現代の若者の働きかた事情』(岩波ブックレット)出版
	5	国連社会権規約委員会が過労死・過労自殺の防止を日本政府に勧告
	11	52万筆にせまる過労死防止基本法賛同署名，院内集会で議連の世話人へ提出(最終55万筆)

	11	森岡孝二『過労死は何を告発しているか』出版記念シンポジウム
2014	6	過労死等防止対策推進法(略称「過労死防止法」)が全会一致で成立
	10	過労死防止全国センター設立
	11	過労死防止法施行，啓発シンポジウム全国各地で開催(兵庫県以外は自主開催)
	12	過労死等防止対策推進協議会設置
2015	3	「過労死防止大阪センター」結成
	5	「過労死防止学会」結成
	7	「過労死等の防止のための対策に関する大綱」が閣議決定
2016	5	過労死防止学会第 2 回大会(関西大学)
	10	厚生労働省『過労死等防止対策白書(平成 28 年版)』出版
	10	電通新入社員・高橋まつりさんの過労自殺事件公表
	11	連絡会編『過労死・過労自殺の救済Q＆A――労災認定と企業賠償への取組み』(民事法研究会)第 2 版出版
2017	6	過労死 110 番プレシンポ「「働き方改革」を斬る～これでは過労死は防げない～」
	9	国立循環器病研究センター「残業 300 時間まで」の労使協定　情報公開請求で判明
	11	過労死 110 番プレシンポ「過労死促進法？？～労基法改正を考える」
2018	4	大阪過労死 110 番 30 周年シンポジウム
	8	森岡会長，逝去
	11	過労死防止大阪センター，過労死等防止対策推進シンポジウムを各地で開催
2019	2	森岡会長を追悼するつどい「森岡孝二の描いた未来－私たちは何を引き継ぐのか－」
	6	過労死 110 番プレシンポ「働きやすくなった？－働き方改革の光と影－」
	7	大阪労働局との意見交換会

大阪過労死問題連絡会の連絡先：
〒545-0051　大阪府大阪市阿倍野区旭町 1 丁目 2 番 7 号
あべのメディックス 202 号
あべの総合法律事務所気付
tel. 06-6636-9361 fax. 06-6636-9364
http://www.osaka-karoshi.jp/

森岡孝二

1944－2018年．関西大学名誉教授，経済学博士(京都大学)．専門は企業社会論，株主オンブズマン代表，大阪過労死問題連絡会会長．著書に『雇用身分社会』(岩波新書)，『雇用身分社会の出現と労働時間――過労死を生む現代日本の病巣』(桜井書店)，ほか．

大阪過労死問題連絡会

働き過ぎによる死亡(過労死・過労自殺)や疾病に対して労災認定や企業賠償等を行う等の被災労働者やその家族の救済の取り組みをするとともに，働き過ぎ社会を考え過労死をなくすことを目的に1981年に結成された．関西地方の弁護士を中心に，医師，研究者，過労死家族，労働組合，労働団体等によるゆるやかなネットワーク．

織田柳太郎

1947年生まれ．NHK報道番組部に所属，他にNHK福岡放送局放送部長，NHKエンタープライズ北京代表処代表など．

松丸 正

1946年生まれ．1973年弁護士登録(大阪弁護士会)．過労死弁護団全国連絡会議代表幹事．

岩城 穣

1956年生まれ．1988年弁護士登録(大阪弁護士会)．過労死弁護団全国連絡会議事務局次長，大阪過労死問題連絡会事務局長．

上出恭子(全体総括)

1972年生まれ．1999年弁護士登録(大阪弁護士会)．大阪過労死問題連絡会事務局．

過労死110番――働かせ方を問い続けて30年　　岩波ブックレット1009

2019年10月4日　第1刷発行

編　者　森岡孝二《もりおかこうじ》　大阪過労死問題連絡会《おおさかかろうしもんだいれんらくかい》

発行者　岡本　厚

発行所　株式会社　岩波書店
〒101-8002 東京都千代田区一ツ橋2-5-5
電話案内 03-5210-4000　営業部 03-5210-4111
https://www.iwanami.co.jp/booklet/

印刷・製本　法令印刷　　装丁　副田高行　　表紙イラスト　藤原ヒロコ

ISBN 978-4-00-271009-9　　Printed in Japan

「岩波ブックレット」刊行のことば

今日、われわれをとりまく状況は急激な変化を重ね、しかも時代の潮流は決して良い方向にむかおうとはしていません。今世紀を生き抜いてきた中・高年の人々にとって、次の時代をになう若い人々にとって、また、これから生まれてくる子どもたちにとって、現代社会の基本的問題は、日常の生活と深くかかわり、同時に、人類が生存する地球社会そのものの命運を決定しかねない要因をはらんでいます。

十五世紀中葉に発明された近代印刷術は、それ以後の歴史を通じて「活字」が持つ力を最大限に発揮してきました。人々は「活字」によって文化を共有し、とりわけ変革期にあっては、「活字」は一つの社会的力となって、情報を伝達し、人々の主張を社会共通のものとし、各時代の思想形成に大きな役割を果してきました。

現在、われわれは多種多様な情報を享受しています。しかし、それにもかかわらず、文明の危機的様相は深まり、「活字」が歴史的に果してきた本来の機能もまた衰弱しています。今、われわれは「出版」を業とする立場に立って、今日の課題に対処し、「活字」が持つ力の原点にたちかえって、この小冊子のシリーズ「岩波ブックレット」を刊行します。

長期化した経済不況と市民生活、教育の場の荒廃と理念の喪失、核兵器の異常な発達の前に人類が迫られている新たな選択、文明の進展にともなって見なおされるべき自然と人間の関係、積極的な未来への展望等々、現代人が当面する課題は数多く存在します。正確な情報とその分析、明確な主張を端的に伝え、解決のための見通しを読者と共に持ち、歴史の正しい方向づけをはかることを、このシリーズは基本の目的とします。

読者の皆様が、市民として、学生として、またグループで、この小冊子を活用されるように、願ってやみません。　（一九八二年四月　創刊にあたって）

◇岩波ブックレットから

999　安全な医療のための「働き方改革」
植山直人、佐々木司

718　壊れゆく医師たち
岡井崇、川人博、千葉康之、塚田真紀子、松丸正

□岩波新書

雇用身分社会
森岡孝二

過労自殺　第二版
川人博

□岩波現代文庫

過労死は何を告発しているか
——現代日本の企業と労働
森岡孝二

過労死・過労自殺の現代史
——働きすぎに斃れる人たち
熊沢誠

□単行本

未和　NHK記者はなぜ過労死したのか
尾崎孝史

9784002710099

1920336005205

ISBN978-4-00-271009-9

C0336 ¥520E

定価（本体520円＋税）

「過労で人が死ぬはずがない」とされ、「急性死」といわれていた当初から、遺族の声なき声に耳を傾けてきた無料電話相談「過労死110番」。今や「KAROSHI」は、英語の辞書にも載る日本発の言葉となった。だが、依然として過労死・過労自殺が減る兆しは見えない。今、改めて過労死をなくすために、どういった取り組みが必要なのか。考える出発点として、その救済の歩みをたどり、現在の課題を見据える。

岩波書店

岩波ブックレット No. 1010

新版

外国人労働者受け入れを問う

宮島 喬
鈴木江理子

労働力ではなく
人としての受け入れへ

外国人／移民と共に生きる社会に向けて、
もはや先送りにできない議論に正面から取り組む。

わかる、使える〈はじめの1冊〉
岩波ブックレット

定価（本体580円＋税